W0061162

Mathias Jung
EiferSucht –
ein Schicksalsschlag?

die
rote
reihe

In jedem von uns ist etwas,
das sich nicht damit begnügen mag,
in einem einzigen Bezugsrahmen eingesperrt
zu bleiben.
Gegen unsere Sehnsucht können wir uns nicht
immunisieren. Wir lieben es, ins Unbekannte
hinauszugreifen, etwas Neues zu entdecken...

Wenn wir die Wünsche unseres Herzens
zwischen starre
Mauern des Glaubens, der Moral und der Konvention
verbannen, missachten wir den Aufruf zur
Entdeckung.
Wir schaffen graue Felder stiller Verzweiflung.
Entdeckung ist die Natur der Seele.
In uns ist eine göttliche Wildheit,
die uns dazu aufruft, alles auszuleben.

John O'Donohue,
Echo der Seele (1999)

Mathias Jung

EiferSucht –

ein
Schicksalsschlag?

die
rote
reihe

ISBN 3-89189-079-6

1. Auflage 2000

Umschlagfoto: Getty Images
Karikaturen: Reiner Taudien
Umschlaggestaltung: Martin Gutjahr
© 2000 by emu-Verlags-GmbH, Lahnstein

Inhalt

Das Drama

Hütet Euch vor Eifersucht, dem Ungeheuer mit den grünen Augen, das das Fleisch verhöhnt, von dem es sich ernährt.

Shakespeare

Jedesmal, wenn Erika, die ausgezeichnete Lehrköchin unseres Gesundheitszentrums, das Haus betritt, werde ich eifersüchtig. Warum? Was passiert? Das kleine Drama entfaltet sich um Halva. Halva ist mein Hund. Er ist ein wahrer Gemütsbrocken von Neufundländer, siebzig Kilo schwer und eine Naturgewalt an Kraft und überwältigenden Liebesgefühlen. Ich liebe Halva heiß, um so mehr, als sie gleichsam eine Art Inkarnation darstellt, denn auch der geliebte Hund meiner Kindheit, Gentleman, war ein Neufundländer. Manchmal nehme ich sogar mein schwarzes vierbeiniges Glück in die Arme und drohe ihm sanft: „Ich bin dein Herr und Gott. Du sollst keine anderen Götter neben mir haben!"

„Du sollst keine anderen Götter
neben mir haben!"

Ich liebe sie sozusagen mit Haut und Haaren. Ich möchte sie am liebsten vor Besitzerfreude und Liebe auffressen. Das wiederum macht manchmal meine Frau eifersüchtig. Aber das wäre ein Kapitel für sich. Nein, es geht um Erika, die *mich* eifersüchtig macht.

Erika besitzt nämlich ein Privileg. Wenn sie einen Kurs im „Dr. Max Otto Bruker Haus" durchführt, darf sie Nacht für Nacht Halva zu sich in ihr Appartement nehmen. Erika ist eine begeisterte Hundefreundin, die noch heute um ihren großen Schäferhund Anubis trauert, der im hohen Alter, schwerhörig geworden, in die ewigen Jagdgründe wechselte. Eine lange Woche hindurch vermisse ich Halva, schlafend vor meinem Bett. Ich vermisse es, dass sie mich morgens weckt, meine Nase stupst und fröhlich mit dem Schwanz wedelt. Ich bin eifersüchtig. *Dieses Biest ist doch eine Schlampe*, denke ich, *eine ganze Woche lang geht sie fremd*. Schlimmer noch: *Die tut nur so, als ob sie mich liebt. In Wahrheit bin ich durch jeden anderen zu ersetzen. Hauptsache, er bringt diesem Flittchen etwas Fleisch mit und verwöhnt sie.*

Am liebsten möchte ich Halva, wenn ich am anderen Morgen wieder auf sie stoße, eine Szene machen. Oder sie einfach schneiden, an ihr vorbeisehen, sie kühl ignorieren. Ich bin ein richtiger kleiner Giftwurz. Ich fühle mich mies dabei. Denn Halva, die Gute, unterläuft mit ihrer treuen Seele all meine emotionalen Schäbigkeiten. Sie wartet schon in der Halle auf mich. Sie schaut sehnsüchtig zu meiner Wohnungstür hinauf. Sie springt mich, kaum betrete ich die Halle, mit der ganzen Lust ihres kindhaften Gemütes zärtlich an. Sie ahnt gar nicht, wie kleinkariert ihr Herrchen ist. Sie beschenkt mich mit ihrem Großmut.

Warum erzähle ich das? Weil mir an diesem Erlebnis einiges an der Struktur der eigenen Eifersucht klargeworden ist. Zunächst einmal würde ich mich eher zu den Männern zählen, die von sich selbst behaupten, nicht eifersüchtig zu sein. Diesen dummen Spruch habe ich doch tatsächlich Jahre von mir gegeben. Dass ich damit einem gewaltigen Mechanismus der Verdrängung erlag, ist mir an diesem Hunde-Exempel deutlich geworden. Denn gerade gegenüber einem Tier geben wir uns unverfälschter und triebhafter. Wir artikulieren stärker unser Unbewusstes, als wir dies gegenüber einem Menschen wagten. In der menschlichen Begegnung verfälschen das Über-Ich und seine kontrollierenden sozialen Instanzen das wahre Bild unserer innersten Strebungen.

In meinem Fall wird sichtbar: Diesen Hund, diese Halva, will ich ganz. Als Jüngster von fünf Kindern musste ich so vieles mit den Geschwistern teilen, vor allem die geliebte Mutter, und habe es zähneknirschend getan. Damit soll es jetzt, mit dem vierbeinigen Objekt meiner obskuren Begierde, ein definitives Ende haben. Der kleine Mathias in mir ist nämlich leicht zu erschüttern: *Werde ich von Halva wirklich geliebt? Liebt sie mich ausschließlich?* Meine Formulierung der letzten Frage ist verräterisch und mir auch wohl nur gegenüber einem Hund so unverhüllt herausgerutscht. Ich will also, wenn ich ehrlich bin, eine *ausschließliche Liebe*.

Womit wir beim Thema sind. Die Eifersucht zielt also auf die Ausschließlichkeit, die Exklusivität, das Monopol einer Liebe. Aber gibt es das überhaupt? Ist das überhaupt wünschenswert? Können wir einen Menschen besitzen? Kann ein anderes Wesen, ob Mensch oder Tier, nur mich im Sinn haben? Vor allem aber: Warum brauche gerade ich diesen Absolutismus der Liebe? Was besagt diese suchtmäßige Besitzgier über meine seelische Situation?

Es sieht so aus, als ob sich meine Seele in ihrem unstillbaren Durst nach Bestätigung noch infantil, also unerwachsen, verhält. *Eifersucht*, so sagt der Volksmund, *ist eine Leidenschaft, die mit Eifer sucht, was Leiden schafft.* Was suche ich, wenn ich eifersüchtig bin?

Das Drama der Eifersucht ist allgegenwärtig. In allen statistischen Befragungen der letzten Jahre geben rund achtzig Prozent der Frauen und Männer gleichermaßen an, dass sie an Eifersucht leiden. Es vergeht keine Woche, ohne dass wir nicht in der Zeitung Schlagzeilen lesen wie *Mann erschlug Rivalen.* Oder: *Aus Liebe wurde Hass: Zwei Tote bei Eifersuchtstragödie.* Hass, Neid, Ohnmacht, Scham, Selbstzweifel, Angst, Wut, Trauer und Groll pflastern den emotionalen Weg der Eifersucht. Sie ist, krankhaft geworden, eine schwere Sucht, die über Drohung und Erpressung bis hin zu Mord und Selbstmord führt.

Die Eifersucht macht uns klein, überempfindlich und „nachempfindlich". Wir können Verletzungen, die Jahrzehnte zurückliegen, nicht vergessen. Wir benehmen uns wie Neurotiker, die aus der Gefangenschaft der Seele handeln. Wir leben im Unfrieden mit uns selbst. Wir spionieren, verdächtigen und verfolgen. Wir verlieren uns in groteske Verhaltensweisen und verstricken oft noch überdies den Partner in ein unwürdiges Spiel.

Vor Jahren erlebte ich das als psychologischer Experte in einer Talkshow von Ilona Christen. Das Thema war Eifersucht und Toleranz. Da trat ein etwa fünfzigjähriges Ehepaar auf, beide äußerlich unscheinbar. Der Mann, nennen wir ihn Klaus, war grauhaarig, untersetzt, mausgrau angezogen, seine Frau, nennen wir sie Renate, war von biederem Zuschnitt. Was verblüffend war – Renate verfolgte ihren kreuzbraven Ehemann mit wahnhafter Eifersucht. Klaus durfte sich, wenn er morgens in den Betrieb ging, nicht rasieren (*Du machst dich nur für die Weiber schön*). Klaus musste nach der Arbeit auf dem schnellsten Weg nach Haus zurückkehren. Klaus durfte keine Kontakte zu Kollegen und Freunden pflegen, ja, er durfte das Haus nicht allein verlassen. Selbst mit dem Hund „Gassi" gehen, verbot sie Klaus mit der Begründung: *Auf allein spazierende Männer mit Hund sind die Weiber besonders scharf, da können sie zwanglos anbandeln.*

Renate war besessen von dem Gedanken, dass Klaus sie rund um die Uhr zu betrügen versuche und dass die „Weiber" überall in den Startlöchern ständen, um sich auf diesen erotischen Leckerbissen zu stürzen. Renate war jeder Argumentation unzugänglich. Was mich erbarmte, war der Umstand, dass Renate ihre Attraktivität und Weiblichkeit völlig aufgegeben hatte. Sie gab die bedauernswerte Figur einer pathologisch Eifersüchtigen ab. Renate fixierte sich auf ihre Verfolgungssucht. Sie besaß kaum Individualität und Mündigkeit.

Fast noch frappierender für mich war das Verhalten ihres Partners. Jeder hätte gedacht, dass Klaus nur noch einen einzigen Impuls besäße, nämlich der Diktatur dieser paranoischen Frau zu entrinnen, sich scheiden zu lassen und ein neues Leben zu beginnen. Aber nein, auf eine vertrackte Weise genoss Klaus die krankhafte Aufmerksamkeit seiner Frau und fühlte sich, so schien mir, als der verborgene Held dieser Geschichte. Es sah so aus, als ob die Eifersüchtige und ihr Partner wie Schloss und Schlüssel zueinander passten, in einer neurotischen Kombination allerdings. Offensichtlich realisierten Renate und Klaus aus der krankhaften Konstellation jeder für sich einen dubiosen Gewinn. Aber welchen? Wir werden das Rätsel an späterer Stelle lösen.

Eifersucht steht offensichtlich nicht für sich selbst. Sie ist ein Zeichen für etwas anderes. Aber wofür? Hängt sie mit der Rolleninszenierung von Frau und Mann zusammen? Gibt es einen Zusammenhang zwischen Kindheitserlebnissen und erwachsener Persönlichkeit? Hat Eifersucht gesellschaftliche Hintergründe? Tritt Eifersucht in anderen Kulturen schwächer oder stärker auf? Gibt es einen Zusammenhang zwischen Eifersucht und Religion? Ist jede Eifersucht krankhaft?

Die Normalität

Die Eifersucht ist eine Schildwache,
die niemals schläft; sie ist für die Liebe
dasselbe, was das Missgeschick für
den Menschen: eine wahrhaftige
Warnung!

Honoré de Balzac

Nicht jede Eifersucht ist psychopatholo-
gisch. Wir dürfen durchaus eifersüchtig
sein. Wir müssen dabei allerdings zwischen
der normalen und der krankhaften Eifersucht
unterscheiden. Es war Sigmund Freud, der als
Erster die Eifersucht tiefenpsychologisch ana-
lysierte. Er tat dies in seiner Schrift *Über einige*
neurotische Mechanismen bei Eifersucht, Paranoia
und Homosexualität aus dem Jahr 1922. Freud
unterschied klar zwischen der normalen und
der pathologischen Eifersucht: *Die Eifersucht*
gehört zu den Affektzuständen, die man ähnlich
wie die Trauer als normal bezeichnen darf. Wo sie
im Charakter und im Benehmen eines Menschen

„Höchste Zeit, dass ich andere Saiten
aufziehe!"

zu fehlen scheint, ist der Schluss gerechtfertigt,
dass sie einer starken Verdrängung erlegen ist und
darum im unbewussten Seelenleben eine um so
größere Rolle spielt.

Das ist eine wichtige Richtigstellung. Sie besagt nichts anderes, als dass die Eifersucht in vielen Fällen eine angemessene Reaktion darstellt. In dem Augenblick, in dem ich zusammen mit einem Partner ein Paar bilde, verteidigen wir unsere Paarbeziehung mit dem Mechanismus der Eifersucht. Sie bedeutet Aufmerksamkeit, Beobachtung, Warnsignal und Selbstregulation.

Stell dir, liebe Leserin, lieber Leser, einmal die folgende Situation vor: Dein Partner füßelt unter dem Tisch bei einem Weinfest mit einer anderen Frau, einem anderen Mann. Wirst du dich vergnügt zurücklehnen und sagen: *Ich gönne ihr/ihm das Vergnügen. Vielleicht will er/sie auch mit ihr/ihm schlafen. Ich sollte ihr/ihm vielleicht frische Bettwäsche mitgeben.* Ein solcher Gedankengang wäre absurd. Du bist, im Gegenteil, alarmiert. Du sagst dir: *Ich muss auf der Hut sein. Da spinnt sich etwas an. Wir haben ohnehin seit Monaten eine schlechte Sexualität. Wir gehen lieblos miteinander um. Jetzt ist es soweit. Da tut sich etwas. Wir müssen uns dringend aussprechen. Aber jetzt mache ich erst einmal Rambazamba, dass es nur so kracht.*

Manchmal provozieren wir auch bewußt die Eifersucht unseres Partners. Hand aufs Herz, liebe Leserin, lieber Leser, hast du noch nie deinen Partner bewusst eifersüchtig gemacht? Um ihn aus seinem Tiefschlaf zu wecken? Um dein Selbstwertgefühl zu steigern? Um etwas Pfeffer in die Beziehung zu bringen? Das sind so Tricks, manchmal im Wortsinn „unter der Gürtellinie", aber sie sind wirksam. In beiden Fällen kann die Eifersucht als ein Warnsignal Mann oder Frau veranlassen, sich stärker dem Partner zuzuwenden, die vernachlässigte Kleidung zu ändern, die Ruppigkeit einzustellen. Eifersucht fungiert hier als Signal für eine gefährlich gewordene Distanz oder Desorientierung. Die normale Eifersucht kann eine Medizin gegen den Wärmetod in der Liebe sein. Die Eifersucht ist gespannte Aufmerksamkeit, eine höhere Sensibilität, die uns in die Lage versetzt, subtile Lügen in der Beziehung wahrzunehmen. Natürlich ist die normale Eifersucht oft auch eine handfeste, angemessene Reaktion auf das verletzende Agieren des Partners. Er tanzt den ganzen Abend demonstrativ mit einer anderen Frau. Oder sie zieht unserer lahmenden Ehe eine prickelnde Außenbeziehung vor. In diesem Sinn würdigt Honoré de Balzac die Eifersucht sogar als *eine Schildwache, die niemals schläft; sie ist für die Liebe dasselbe, was das Missgeschick für den Menschen: eine wahrhaftige Warnung!*

Diese normale Eifersucht ist ein Existenzial, eine Grundbefindlichkeit des Lebens. Sie tut weh, aber sie rüttelt auf. Ohne sie ist ein Leben nicht denkbar. Sigmund Freud würdigt sie mit den Worten: *Über die normale Eifersucht ist analytisch wenig zu sagen. Es ist leicht zu sehen, dass sie sich wesentlich zusammensetzt aus der Trauer, dem Schmerz um das verloren geglaubte Liebesobjekt und der narzisstischen Kränkung, ferner aus feindseligen Gefühlen gegenüber dem bevorzugten Rivalen und aus einem sehr großen Beitrag von Selbstkritik, die das eigene Ich für den Liebesverlust verantwortlich machen will.*

Das gilt nicht nur in der geschlechtlichen Liebe, sondern auf allen denkbaren Ebenen der Beziehung, in der Arbeitswelt, der Familie, der Ausbildung, der Freundschaft. Im Jesuiten-Internat, einer Zeit großer Einsamkeit für mich, stand ich einmal ernsthaft in der Gefahr, meinen Jugendfreund Ingo an einen anderen Jungen, John, zu verlieren. Ich erlebte alle Gefühle, von denen Freud spricht. Da war große Trauer und Schmerz um den Freund, das verloren geglaubte Liebesobjekt. Es lag Abschied für mich in der Luft und damit Einsamkeit, denn ich fühlte mich ohne ihn noch unattraktiver unter den Jungen, weil ich unsportlich und schwächlich war. Es war eine schneidende narzisstische Kränkung für mich, denn plötzlich war ich ersetzbar, unwichtig und langweilig für Ingo geworden.

Natürlich hegte ich auch feindselige Gefühle gegenüber John, dem bevorzugten Rivalen. Ich war um so eifersüchtiger, als ich John, einen kühnen und mutigen Jungen, insgeheim bewunderte – ich wäre liebend gerne auch dessen Freund geworden. Nun aber trat er als mein Gegner in die Arena. Da war schließlich auch ein Element von Selbstkritik. Ich machte mich selbst für den Liebesverlust verantwortlich. Ich hatte doch in einer penetranten und mich selbst demütigenden Weise an Ingo geklammert und ihn angehimmelt. Noch heute kann ich den zermürbenden Schmerz dieser *normalen Eifersucht* einer Jungenfreundschaft nachvollziehen. Das Schlimmste war, dass ich diese Gefühle damals nicht auszudrücken vermochte und im Gefängnis meiner Isolation verharrte.

Umgekehrt wird ein Schuh daraus: Der Nie-Eifersüchtige ist ein Neurotiker. Er ist genauso krank wie der pathologisch Eifersüchtige, der jeden Schritt seines Partners argwöhnisch beobachtet. Eifersucht gehört unabdingbar zu unserem Gefühlsleben. Wo sie fehlt, sollten wir uns kritische Fragen stellen. Bin ich so aufrichtig, Kränkungen zuzulassen und sie nicht zu verdrängen? Wenn sich ein Mensch von mir abwendet und stellvertretend einen anderen Menschen in sein Herz lässt, ist das nicht eine gewaltige Erschütterung für mein Ich? Verletzt es meinen Stolz, diese Demütigung einzugestehen? Mag ich nicht zugeben, dass ich von einem Menschen abhängig und verletzbar bin? Oder manipuliere ich lieber, indem ich den anderen eifersüchtig mache, um selbst nicht eifersüchtig werden zu müssen?

Wer jegliche Eifersucht leugnet, verpanzert sich. Er riskiert dabei die Gefahr, seelisch zu erfrieren. Die Verdrängung der Eifersucht kann auch fürchterliche, explosive Folgen zeitigen. In Eifersuchtsdramen, die wir wöchentlich den Gerichtsreportagen der Zeitungen entnehmen, schält sich sehr oft ein verhängnisvolles Muster heraus: Da schluckt ein Mann – und fast immer handelt es sich um Männer – monate- und jahrelang seine Eifersucht herunter. Er gibt sich nach außen cool, bis er eines Tages, zum Platzen voll destruktiver Emotionen, in Sekundenschnelle dekompensiert, d.h. die Fassung verliert, zur Gewalt greift und Amok läuft.

Der Hass auf meine Ex-Frau und ihren neuen Mann, so las ich dieser Tage in einer Gerichtsreportage, *war so groß geworden, dass ich lieber das Leben beider auslöschen wollte, als deren Glück einen Tag länger aushalten zu müssen.* Der Mann schlug seine frühere Frau mit einem Spaten tot.

Normale Eifersucht ist ein authentisches Gefühl der Selbstwahrnehmung und damit auch der Lebensveränderung. Sie kann ein Kriseninstrument sein. Ein Mensch, der sich angeblich nicht eifersüchtig fühlt, sitzt über einem seelischen Keller voller Verdrängungen. Das Verdrängte hat ihn im Griff, aber er ahnt es nicht. Freud: *Wo die Eifersucht im Charakter und Benehmen eines Menschen zu fehlen scheint, ist der Schluss gerechtfertigt, dass sie einer starken Verdrängung erlegen ist und darum im unbewussten Seelenleben eine um so größere Rolle spielt.*

Die Sucht

Die Eifersucht ist die schlimmste aller
Leidenschaften, sie hat kein Erbarmen
mit dem, den sie zu lieben vorgibt.
   La Rochefoucauld (1613–1680)

Im *Wörterbuch der philosophischen Begriffe*
(Hoffmeister, 1955) wird Eifersucht so definiert: *Eifersucht ist die quälende, bis zu leiden-*
schaftlichem Hass sich steigernde Furcht, die Nei-
gung einer geliebten Person oder den Besitz eines
Wertes oder Gutes mit einem anderen teilen zu
müssen oder zu verlieren.

Schauen wir einmal den Begriff der *sich stei-*
gernden Furcht an. Er lässt auf ein Defizit des
Ich-Komplexes schließen. Der krankhaft Eifersüchtige agiert nicht aus der Stärke, sondern
aus der Schwäche. Er ist beherrscht von seinem *Minderwertigkeitskomplex* (Alfred Adler).
Der jeweils andere ist grundsätzlich attraktiver,
schöner, klüger als ich. Mein Minderwertig-

„Ach so ist das. Gottlob, und ich dachte
schon, unsere Toilette wäre verstopft."

keitsgefühl ist Ausdruck meiner noch unreifen Persönlichkeitsentwicklung. Das kleine verletzte Kind in mir agiert hier aus seiner Unterlegenheit.

In der Eifersucht will ich dieses Minderwertigkeitsgefühl kompensieren, indem ich vom Partner absolute Sicherheit erwarte. Absolute Sicherheit aber gibt es nicht. Eine Beziehung ist ein fortwährender Suchprozess. Immer wieder müssen sich zwei Menschen aufeinander einregulieren. Sie bewegen sich in der Spannung von Nähe und Distanz, Vertrautheit und Neuem, Sicherheit und Unsicherheit. Eben diese Dialektik macht die Spannung, das heraklitische Stirb und Werde der ununterbrochenen Paar-Evolution aus. Ein letzter Schuss Fremdheit, Unsicherheit, ja auch Beängstigung bildet die aufregende Ursubstanz jeder vitalen Beziehung.

Ich darf des anderen nicht zu sicher sein, sonst behandele ich ihn wie ein Möbelstück oder wie mein Auto. Ich verfüge über ihn. Er ist mir so selbstverständlich geworden, dass ich die Achtsamkeit vor ihm verliere, seine Pflege versäume, den Suchprozess abbreche. Ich habe ihn dann so stark eingemeindet, einverleibt, dass er mir überhaupt nicht mehr fremd ist, sondern nur mehr einen verlängerten Teil meiner Persönlichkeit darstellt und damit sein Eigengewicht, seine Lebendigkeit und Einzigartigkeit verliert. Wer besitzt, der muss nicht mehr kämpfen. Wer den anderen wie eine Immobilie in einem Grundbuch eingetragen hat, der bleibt auf ihm sitzen. Da bewegt sich nichts mehr.

Ein Patient, nennen wir ihn Heinrich, fünfzig Jahre alt, zwei Kinder, bekannte mir nach der – unfreiwilligen – Scheidung von seiner Frau: *Sie gehörte zu meinem Besitz wie mein Haus. Sie war nur pflegeleichter. Ich habe ihr keine Freiheit gelassen. Sie musste jeden Abend zu Hause sein. Den Wiedereinstieg in ihren alten Beruf habe ich ihr, als die Kinder ins Studium gingen, nicht erlaubt. Ich wollte sie ganz für mich haben.*

Was dann geschah, schockierte Heinrich: *Meine Frau gehorchte, wie sie immer gehorcht hatte. Sie sagte auch nichts mehr zu meiner Eifersucht. Sie verstummte. Ich habe mich nicht um ihre Seelenlage gekümmert. Mir fiel nur bei meinen Telefonaten auf, dass ich sie öfters tagsüber nicht erreichte. Eines Abends, ich saß vor dem Fernseher, betrat sie das Wohnzimmer, stellte, ohne mich zu fragen, den Apparat ab und stand ruhig vor mir: „Ich muss dir etwas sagen. Ich habe mich verliebt in einen anderen Mann. Ich schlafe mit ihm. Wir werden zusammenziehen. Er gibt mir alle Freiheit dieser Welt. Bei dir bleibe ich eine Gefangene." Sie ließ sich auf keine weiteren Verhandlungen ein. Am nächsten Wochenende zog sie aus. Das Finanzielle regelte sie über eine Anwältin. Sie gab mir keinerlei Chance mehr. Sie hatte die Nase voll von mir.*

Der Vogel ist entflogen. Das tut jeder Singvogel, wenn sich die Türe seines Käfigs öffnet. Wenn ich von Minderwertigkeitsgefühlen beherrscht werde, sperre ich den Partner in einen solchen Käfig. Er soll sich für keinen anderen Menschen mehr interessieren. Ich darf sein Leben überwachen und rund um die Uhr kontrollieren. Längst bin ich in eine seelische Sackgasse geraten. Es ist die Sackgasse der Sucht. Die Expertinnen Anne Wilson-Schaef und Diane Fassel konstatieren in ihrem Standardwerk *Suchtsystem Arbeitsplatz* wie folgt: *Sucht ist jede Substanz oder jeder Prozess, der unser Leben bestimmt, demgegenüber wir machtlos sind. Es kann sich, muss sich aber nicht um eine physiologische Sucht handeln. Eine Sucht liegt bei jedem Prozess oder bei jeder Substanz vor, die uns in der Weise kontrollieren, dass wir glauben, wir müssten uns selbst und anderen gegenüber unehrlich sein. Süchte führen zu einer erwachsenen Zwanghaftigkeit in unserem Verhalten.*

Die Sucht hat, wie ich in meinem Buch *Seele-Sucht-Sehnsucht* ausführlich erörtert habe, viel mit Sehnsucht zu tun. *Die Sehnsucht*, sagt ein altes Sprichwort, *ist ein Hund, der läuft einem immer hinterher*. Der Begriff *Sucht* stammt ethymologisch aus dem Gotischen „*siukan*", was „*krank sein*" bedeutet. So wurde denn früher auch das alte Wort „siech" (englisch „sick") für „krank" verwandt. Es begegnet uns heute noch in den Diagnosen „Fallsucht", „Schwindsucht" oder „Gelbsucht". *I'm sick* sagen die Engländer. *Ich bin krank*. Das könnte für „süchtig" stehen, auch für die Eifersucht. Sucht ist eine Beziehungskrankheit. Die Beziehung zu mir selbst ist gestört und damit auch die zu meinem Gegenüber. Die Chance, von der Eifersucht wegzukommen, kann nur in der Weiterentwicklung meiner Liebesfähigkeit liegen.

Eifersucht ist ein regressives Phänomen, es ist eine krankhafte kindliche, um nicht zu sagen, kindische Haltung. Als Eifersüchtiger wünsche ich mir meinen Mann oder meine Frau als Nachfolger der allmächtigen, alles befriedigenden Mutter der Kindheit. Ich wünsche mir die symbiotische, die klammernde Verbindung und umfassende Versorgung. Ich möchte gleichsam noch einmal an der Mutterbrust nuckeln, möglichst von morgens bis abends. Und damit bringe ich mich in eine fatale, selbstquälerische Situation. Der römische Dichter Cattull beschrieb diese regressive Eifersucht so: *Ich hasse und liebe. Warum ich das tue, so fragst du vielleicht. Ich weiß es nicht, aber ich fühle, es geschieht, und ich spüre die Qual.*

Da mir kein Partner diese babyhafte Verschmelzung bescheren kann, komme ich aus der Qual nicht heraus. Umgekehrt kann ich meinem Partner keine Freiheit geben, weil ich ihn zur Kompensation meiner Ängste und meiner Gefühle brauche und missbrauche. Ich regrediere, ich entwickele mich zurück zu jenem kleinen Kind von einst, das die Mutter existenziell zum Überleben brauchte. Ich negiere mein Erwachsensein, meine Verantwortung für mich selbst. Ich habe nicht gelernt, was wir alle lernen müssen, nämlich mich selbst zu bemuttern und zu bevatern. Ich liebe mich nicht selbst und deswegen hänge ich wie ein Junkie an der Nadel – an der „Droge Frau", an der „Droge Mann". *Ohne meinen Mann bin ich ein Nichts*, gestand mir einmal eine Klientin, *er ist die Welt für mich*. Als der Mann zu einer anderen Frau ging, war es für sie denn auch der Weltuntergang.

Die Eifersucht ist, wie alle Süchte, kein solipsistisches (ichbezogenes) Geschehen, das nur den Betroffenen in den Fängen hält. Es ist vielmehr ein krankes Beziehungsmuster. Die drei Grundmaximen dieser neurotischen Beziehungsstrukturen könnte man so formulieren:

Wenn ich keine Macht über dich habe, fühle ich mich machtlos.

Wenn ich dich nicht kontrollieren kann, gerate ich außer Kontrolle.

Wenn ich mir deiner nicht sicher bin, bin ich mir meiner selbst nicht sicher.

Wenn wir eifersüchtig sind, hängen wir an dem Menschen unserer Eifersucht wie früher als Kind an der Flasche. Der Partner ist unsere Flasche. Nimmt man sie uns weg, schreien wir. Wir haben Angst, lebendigen Leibes zu verdursten. Längst haben wir die Macht über unsere Gefühle verloren. Unsere Liebe wird zum Bürgerkrieg und zur Okkupation. Die Eifersucht ist wie ein Krebsgeschwür, das von innen heraus metastasiert. Sie lässt sich deshalb auch nicht mit simplen Ratschlägen und Psychotricks beseitigen. Wie alle seelischen Äußerungen unseres kranken Egos wurzelt sie tief in den Schichten des Unbewussten.

Die Eifersucht enthält darüber hinaus ein starkes Moment des Projektiven. Freud sagt dazu in seinem Aufsatz: *Die Eifersucht der zweiten Schicht oder die projizierte geht beim Mann wie beim Weibe aus der eigenen, im Leben betätigten Untreue oder aus Antrieben zur Untreue hervor, die der Verdrängung verfallen sind. Es ist eine alltägliche Erfahrung, dass die Treue, zumal die in der Ehe geforderte, nur gegen beständige Versuchungen aufrecht erhalten werden kann. Wer dieselben in sich verleugnet, verspürt deren Andringen doch so stark, dass er gerne einen unbewussten Mechanismus zu seiner Erleichterung in Anspruch nimmt. Eine solche Erleichterung, ja einen Freispruch vor seinem Gewissen erreicht er, wenn er die eigenen Antriebe zur Untreue auf die andere Partei, welcher er die Treue schuldig ist, projiziert.*

Das mag zunächst erstaunen. Warum sollte ich Untreue auf den anderen projizieren? Mich erinnert das an einen Klienten, nennen wir ihn Gottfried. Gottfried war wegen seiner krankhaften Eifersucht von seiner Frau zu mir in die Beratung „geschickt" worden. Er tat dies auch brav, aber ohne innere Überzeugung. *Ich traue meiner Frau wirklich nicht,* bekannte er, *sie ist bildschön und lebenslustig und hat große Chancen bei den Männern. Ich bin sicher, dass sie mich betrügt.*

Gottfried wirkte auf mich vom ersten Moment an als lustfeindlicher Asket mit starken Hemmungen. Er gehörte einer fundamentalistischen christlichen Gemeinde der charismatischen Richtung an, einer Erlösungssekte also. Gottfried war merkwürdig auf das Thema Keuschheit und, wie er sagte, auf die sexuelle Verwahrlosung der modernen Welt fixiert. Er glaubte an die reale Existenz des Teufels. Er sprach immer wieder vom *Unzuchtsteufel*, der die Welt beherrsche. Gottfried hatte bis zur Eheschließung mit einundvierzig (!) Jahren jungfräulich gelebt und sich, wie er sagte, *für die künftige Mutter meiner Kinder aufgespart.*

In der von mir liebevoll geführten Therapie, in der er Vertrauen zu mir fasste, offenbarte Gottfried mir das erschreckende Ausmaß seines jahrzehntelangen sexuellen Elends und der erotischen Verdrängung. Jahrelang hatte er bis zu fünfmal täglich onaniert und sich darüber schwerste religiöse Vorwürfe gemacht. Vor allem aber war er von einer sexuellen Obsession besessen – er konnte keine Frau anschauen, ohne sie in Gedanken nackt auszuziehen und sich den Koitus mit ihr vorzustellen. Die Unterdrückung seiner natürlichen, lebendigen Sexualität forderte ihm eine ungeheuerliche Kraft ab. Das Unterdrückte meldete sich in den Verdrängungen. Er hegte nämlich zugleich die Vorstellung, dass fast alle Frauen nur von einem Gedanken besessen seien, nämlich *Männer geil zu machen und ins Bett zu zerren*.

Hier haben wir den von Freud genannten Vorgang der Projektion in Reinkultur. Gottfried leugnete in seiner religiösen Sexualneurose die eigenen Antriebe zur Erotik, weil sie seinem Moralsystem widersprachen und ihn in Angst stürzten. Statt seine Triebe zu akzeptieren und als kostbare Elemente seiner Persönlichkeit zu begrüßen, verdammte er sie und projizierte sie auf die *geilen Frauen*, um sich selbst zu entlasten. Es fiel ihm leichter, die Frauen der Triebhaftigkeit zu verdächtigen, als die gewaltigen Triebe bei sich selbst einzugestehen. Das hätte ja auch bedeutet, die fanatischen Keuschheitsgebote seiner religiösen Sekte in Frage zu stellen und sich zur Mündigkeit zu bekennen.

Ich erinnerte Gottfried an die bekannte biblische Ehebruchszene, in der der Mann aus

Nazareth sich wie so oft als hervorragender Psychologe erweist: *Wer von euch ohne Schuld ist, der werfe den ersten Stein.* Die Ehebrecherin erfüllt hier überdeutlich die Funktion des Sündenbocks, d.h. der kollektiven Projektion all der geilen, ihre Lüsternheit verdrängenden Männer, die, zur Steinigung bereit, die „Sünderin" umstehen. Es war für mich aufregend zu erleben, wie Gottfried während der Therapie lernte, unbefangen auf die Frauen zuzugehen. Ein Selbsterfahrungsseminar mit Frauen und Männern bei mir im „Dr. Bruker Haus" brachte den Durchbruch. Er erlebte die tiefe Menschlichkeit von Frauen und überwand seine Misogynie (krankhafter Frauenhass). Er entwickelte ein lebendiges Verhältnis zu seiner Frau und wurde lebensfroh. Von Askese und Frauenfeindschaft keine Spur mehr…

In diesem Sinn sind oft auch Väter auf ihre jungen hübschen Töchter eifersüchtig. Hier ist ein verstecktes libidinöses Element im Spiel, das schamhaft verdeckt ist. Welcher Vater gäbe denn zu, dass in der Beziehung zu seiner erblühenden Tochter auch ein Stück Eros im Spiel ist? Welche Mutter gäbe das über ihre Beziehung zu ihrem hübschen jungen Sohn preis? Daher spaltet etwa ein Vater, der seine Tochter unbewusst begehrt, seine Begierde als einen Teil seines Selbst ab und projiziert sie auf die jungen Kerle, *die wie wilde Böcke meine Tochter umschwärmen*. Er warnt seine Tochter allen Ernstes: *Die wollen doch alle nur das Eine*. Der brave Papa, der sich durchaus korrekt verhält, ahnt nicht, dass er zugleich von seinen verborgenen Begierden spricht…

In der Projektion spalte ich den Teil von mir selbst ab, den ich offiziell missbilligen muss. Der Psychoanalytiker C.G. Jung spricht in diesem Zusammenhang von unserem *Schatten*. Ich habe alle „schlimmen" Wünsche so chemisch rein von mir getrennt und in den anderen projiziert, dass mir gar nicht bewusst wird, dass es sich um *meine* Wünsche handelt.

Als zum Beispiel der Vater des Tennisidols Steffi, Peter Graf, im Millionenmaßstab das Finanzamt betrog, da ereiferten sich von den Halligen bis zur Zugspitze die deutschen Stammtische einhellig über den *schweren Steu-*

erbetrüger aus Brühl. Wir konnten gar nicht genug bekommen an Informationen über all die finsteren Machenschaften von geldgefüllten Plastiktüten bis zu den Transaktionen über Banken auf den exotischen Bahamas. Wir hatten den großen kollektiven Sündenbock gefunden. So ein Schwein! Über das Schweinchen in uns, das den Fiskus mit kleineren Mogeleien und Finten betrügt, sprachen wir nicht. Waren wir in tiefster Seele denn nicht darauf neidisch, auch einmal im Leben so ein „großes Schwein" wie der Brühler Tennisgraf sein zu können und dem Steuermoloch Millionen zu unterschlagen?

Die projektive Eifersucht ist insofern neurotisch, als sie aus der Unwahrheit zu uns selbst und unserer Schattenpersönlichkeit entsteht. Die amerikanische Autorin Nancy Friday beschreibt in ihrem großen Werk *Eifersucht* den aktiven Verdrängungsmechanismus: *Wir nehmen den Wunsch nach Untreue aus uns selbst heraus wie ein Gift und injizieren ihn in unseren Partner.*

Die Ursprünge

*Kain, das erste Kind von Adam und
Eva, und der zweitgeborene Abel.
Der Entwurf des Urdramas,
ein prägendes Muster: Ein Kind wird
weniger als das andere geliebt, obwohl
es sich bei den Eltern um Anerken-
nung bemüht. Es plagt sich mit dem
Schmerz des Unrechts und der Eifer-
sucht, und die Eltern scheinen den
Schmerz gar nicht wahrzunehmen.
... Wir sind Nachkommen von Kain.*
Jirina Prekop
Erstgeborene.
Über eine besondere Geschwisterposition

Die Eifersucht, sagten wir, ist ein Zeichen
von Schwäche in der Liebe und nicht von
Stärke. Doch woher stammt sie? Freud stellte
in seinem Aufsatz natürlich auch die Frage
nach der Ätiologie, nach der Ursprungsge-
schichte der Eifersucht. Er kommt zu dem
Schluss: *Diese Eifersucht ist ... keineswegs durch-*

„Na, machst du dich wieder für die anderen
Weiber fein?!!"

aus rationell, d. h. aus aktuellen Beziehungen ent-
sprungen, den wirklichen Verhältnissen proportio-
nal und restlos vom bewussten Ich beherrscht, denn
sie wurzelt tief im Unbewussten, setzt früheste
Regungen der kindlichen Affektivität fort und
stammt aus dem Ödipus- oder aus dem Geschwis-
terkomplex der ersten Sexualperiode.

Bei dem Begriff *Ödipuskomplex* schreckt der
Laie häufig zurück. Er hält diese Theorie
Freuds für eine künstliche und sexuell anrü-
chige Konstruktion. Im mythologischen Kern
verweist die Theorie auf das Verhängnis des
ausgesetzten Königssohnes Ödipus, der Pro-
phezeiung gemäß den eigenen Vater zu er-
schlagen, mit der Mutter zu schlafen und mit
ihr Kinder zu zeugen. Wenn wir von dieser
engeren sexuellen Intention einmal absehen,
so stoßen wir bei Freuds Komplexlehre auf ein
Phänomen, das jeder, der eigene Kinder hat,
kennt. Töchterchen und Söhnchen zwischen
drei und sechs Jahren wünschen sich in be-
stimmten Phasen den gegengeschlechtlichen
Elternteil für sich allein. Mit aller Kraft
wünscht er oder sie den Papa oder die Mama
weg.

Viele kleine Jungen wollen ihre Mama heiraten. Ich gehörte auch dazu. Immerhin war meine Mutter schön, klug und erfolgreich. Ich war verliebt in sie, die erfahrene Ärztin mit dem Stethoskop und den geheimnisvollen Spritzen in ihren langen, braungebrannten Händen. Natürlich wollen umgekehrt auch viele kleine Mädchen den Papa heiraten. Wie der kleine Mathias machen alle kleinen Jungen und Mädchen rasch die mehr oder weniger schmerzliche Erfahrung, dass sie ihre unrealistischen Hoffnungen fallen lassen müssen. Es ist ein heftiger, meist schuldhaft erlittener Konflikt. Man kann sich doch auf die Dauer den anderen Elternteil nicht einfach tot wünschen. Man liebt ihn ja auch! Wenn das Kind von einer guten Elternbeziehung getragen ist, kann es den ödipalen Komplex positiv lösen.

An dem Konflikt selbst kommt kein Kleinkind vorbei, nicht einmal *vor* der ödipalen Phase. Denn jedes Kind sieht sich als Neuankömmling in einer Triangulierung, nämlich in dem Beziehungsdreieck Mutter-Vater-Kind. Es möchte natürlich nicht dauernd die dritte Rolle spielen, sondern es drängt nach vorne.

Will es die Mutter ganz, so meldet sich der Vater zu Wort. Will es den Vater ganz besitzen, so opponiert die Mutter. Dieser Konflikt macht Angst und Eifersuchtsgefühle. Die Kehrseite der kindlichen Liebe ist die Eifersucht. Jedes Kind erlebt, dass sich die Eltern füreinander entscheiden und gegen das Kind. Fröhlich brechen sie ins Kino auf und lassen das Kind mit der Oma oder einem Babysitter zurück. Das ist schmerzlich.

Oft zeigen Kinder ihre Eifersucht und Verletztheit durch Weinen oder Wut. Irene, eine Logopädin, die heute selbst drei Kinder hat, erinnerte sich mir gegenüber: *Ich war wahnsinnig eifersüchtig. Ich wollte meine Mutter ganz für mich haben. Ich kämpfte gleich an zwei Fronten. Einmal war ich die Älteste und war eifersüchtig, dass sie sich so viel mit meinen drei jüngeren Geschwistern, vor allen Dingen dem jüngsten Bruder, abgab. Ständig überredete ich meine Mutter zu Unternehmungen zu zweit, damit ich die Konkurrenz der Geschwister los war. Aber da war auch mein Vater. Er nahm mir so viel Zeit mit der Mutter weg. Ich weiß noch, dass ich ihn geradezu ermunterte, am Samstag noch bis zum späten*

Nachmittag in seinem Rechtsanwaltsbüro zu ar-
beiten. Dann hatte ich die Mutter für mich. Ich
war gerade Schulanfängerin. Wenn Mama abends
mit meinem Vater zu einer Einladung das Haus
verließ, war ich wütend. Aus Rache habe ich dann
meinem Vater etwas angetan, indem ich etwa seine
Pantoffeln oder seine Pfeife so geschickt versteckte,
dass er sie wochenlang nicht fand.

In unseren Eifersuchtsgefühlen als Erwach-
sene werden also kindliche Gefühle des Aus-
gegrenztseins und der Ohnmacht reaktiviert.
Das sind frühere Dramen, und sie lassen etwas
von der Schwere der Eifersucht ahnen. Über
die Elterneifersucht auf den Vater oder die
Mutter hinaus gibt es die Urkonstellationen
der Geschwistereifersucht.

Die Bibel reflektiert in ihren großen Erzäh-
lungen von Kain und Abel oder Joseph und
seinen Brüdern die geschwisterlichen Eifersuchtsdramen als menschliche Urbefindlich-
keiten. Wie unerfindlich und ungerecht muss
es dem mythologischen Kain erschienen sein,
dass ihn dieser gewaltige und alttestamentari-
sche Gott weniger liebte als Abel. Wie ohn-

mächtig in ihrem Zorn stehen die Söhne Jakobs vor dem jüngeren Bruder Joseph, der vom Vater in seiner „Affenliebe" (Thomas Mann) so hemmungslos vorgezogen und privilegiert wird. Thomas Mann hat in seiner Josephs-Tetralogie den Prozess dieser schleichenden Geschwistervergiftung hinreißend formuliert und durchaus auch die Täterschaft des anmutigen und selbstverliebten Josephs, der eben nicht nur ein Opfer war, ins Bild gerückt. Oft sind es die Unterlegenheitsgefühle der jüngeren Geschwister, wie umgekehrt das Entthronungserlebnis des älteren Geschwisters, welche kindliche Verletzungen bereiten und oft zu lang anhaltenden, das ganze Erwachsenenleben prägenden Fehlhaltungen führen.

Wenn eine Mutter plötzlich das Neugeborene favorisiert, so fühlt sich das ältere Kind, dem bislang alle Zuwendung galt, häufig betrogen. Es entwickelt eine Wut gegen das neue Geschwisterkind, aber auch gegen die „unzuverlässige" Mutter. Allerdings darf es die Wut nicht offen äußern. Jeder Kinderarzt, jede Kindergärtnerin, jede Lehrerin weiß, dass

ältere Geschwister auf diesen „Unglücksfall"
oft mit Symptomen wie Einnässen, Daumen-
lutschen, Schlafstörungen, Essproblemen und
Krankheiten reagieren. Mit diesem Verhalten
wollen „entthronte" Kinder die Aufmerksamkeit wieder auf sich lenken und Fürsorge er-
zwingen.

Der Schweizer Dichter Karl Spitteler beschreibt in seinen Lebenserinnerungen (1940)
die eigene Not: *Übrigens war noch ein zweiter
Adolf da. Ein kleines Geschöpf, von dem man be-
hauptete, er wäre mein Bruder, von dem ich aber
nicht begriff, wozu er nützlich sei; noch weniger,
weswegen man solch ein Wesen aus ihm mache, wie
von mir selber. Ich genügte für mein Bedürfnis,
was brauchte ich einen Bruder? Und nicht bloß
unnütz war er, sondern mitunter sogar hinderlich.
Wenn ich die Großmutter belästigte, wollte er sie
ebenfalls belästigen, wenn ich im Kinderwagen gefahren wurde, saß er gegenüber und nahm mir die
Hälfte Platz weg, so dass wir uns mit den Füßen
stoßen mussten.*

Bleiben wir noch etwas bei den Beispielen: In
ihrem Buch *Erstgeborene. Über eine besondere*

Geschwisterposition lässt die bekannte Festhalte-Therapeutin Jirina Prekop ihre ältere Schwester Maruska über ihren Entthronungsschmerz als Erstgeborene sprechen. Maruska erinnert sich: *Zuerst hatte ich mich über das Schwesterchen, eine lebendige Puppe, sehr gefreut. Später aber fing ich an, eifersüchtig zu sein. Bisher war ich das Nesthäkchen gewesen und alles drehte sich um mich. Die Mutter war nun mit der Pflege der Kleinen beschäftigt – und Jirina war kein pflegeleichtes Kind, sie schlief in der Nacht sehr schlecht und war ein bisschen ein kleiner Tyrann, wie sie es auch in ihrem Buch beschreibt. Ich war neidisch, als die Mutter Jirina zu sich ins Bett nahm und ihr etwas vorsang und sie liebkoste. Ich musste still sein, um das Kind nicht zu stören. Was mich auch sehr ärgerte, war, dass ich bei den Spaziergängen nicht mehr im Kinderwagen fahren durfte, sondern Jirina wurde von der Mutter im schönen neuen Kinderwagen gefahren, und ich musste artig zu Fuß gehen. Die Mutter sagte immer: „Du bist schon groß und Jirinchen ist noch sehr klein."*

Die beiden Schwestern, Ärztin die eine, Psychologin die andere, haben ein langes Leben gebraucht, um diese Geschwisterrivalität und den jeweiligen Schmerz zu überwinden. Jirina Prekop kommentiert das Ende ihres Geschwisterdramas mit den Worten: *Das Erstaunlichste für mich aber ist und bleibt, dass mir meine große Schwester meine Erfolge gönnt. Sie ist nicht neidisch, ja, sie freut sich sogar, dass ich als ihre kleine Schwester groß geworden bin. Merkwürdigerweise ist meine Durchsetzungskraft weitaus größer als ihre. Vielleicht gerade deshalb, weil sie früher unterdrückt wurde. Unabhängig davon, was aus uns geworden ist, ehre ich sie als meine erstgeborene Schwester und ich nehme den zweiten Platz ein. Als ich ihr dies sagen konnte, atmete sie hörbar auf. Damals waren wir beide bereits um die Siebzig!*

In meiner therapeutischen Arbeit in Lahnstein dränge ich fast immer darauf, auch die Geschichte der geschwisterlichen Verletzungen wie des geschwisterlichen Reichtums aufzuarbeiten. Früher hat die Psychoanalyse diesen wichtigen emotionalen und sozialen Sozialisationsfaktor vernachlässigt und sich einseitig auf die Prägung durch die Eltern, vor allem die Mutter, orientiert. Dabei ist das geschwisterliche Subsystem wohl das entscheidende gefühlsmäßige Netz unserer Kindheit.

Wir verbringen erheblich mehr Zeit mit unseren Geschwistern als mit den Eltern. Die Geschwisterbeziehung ist die längste Beziehung unseres Lebens überhaupt. Unsere Konstellation im Geschwistergefüge bestimmt stark unser Wahrnehmungs- und Handlungsverhältnis zur Welt. Hier lernen wir, uns anzupassen, uns zu behaupten, uns zu isolieren und uns zu solidarisieren, Nischen des Charakters und der verschiedenen Tüchtigkeit zu besetzen, unser Ich zu konturieren. Hier entwickelt sich unsere optimale Frustrationstoleranz, hier ist aber im Zweifelsfall auch die Quelle unserer seelischen Schädigung, unseres Minderwertigkeitsgefühls und unserer chronischen Eifersucht.

Hinzu kommt, dass keine Mutter und kein Vater jedes Kind gleich liebt. Das wäre eine Illusion. Kinder spüren dies. Täuschungsversuche verfangen nicht. Mein ältester Bruder Albert, Star der fünfköpfigen Geschwistergruppe, war zugleich der Götterliebling meiner Eltern.

Wir haben deswegen manchmal gegen ihn ge-
giftet. Zu unserem Ärger war er auch noch
wirklich attraktiv und genial! Noch heute, wir
sind inzwischen „alte" Leutchen, pflegt er in
unserer Anwesenheit vor anderen Menschen
hartnäckig von *meiner Mutter* oder *meinem Va-*
ter zu sprechen. Wir weisen ihn dann jedesmal
diskret darauf hin, dass es sich ja auch im wei-
testen Sinne um *unsere* Mutter und *unseren* Vater handelt. Als Erstgeborener hat er vermutlich die ständige Produktion neuer Kinder, die
er auch noch als Geschwister lieben sollte, als
Affront empfunden.

Vielleicht ist es dir, lieber Albert, wie dem
Erstgeborenen bei Wilhelm Busch gegangen,
der seine Eifersucht allerdings nicht verhehlen
musste:

> Die Tante winkt, die Tante lacht:
> He, Fritz, komm mal herein!
> Sieh, welch ein hübsches Brüderlein
> Der gute Storch in letzter Nacht
> Ganz heimlich der Mama gebracht.
> Eija, das wird dich freuen!
> Der Fritz, der sagte kurz und grob:

Ich hol 'nen dicken Stein
Und schmeiß ihn an den Kopp!

In wessen Herz die Geschwistereifersucht noch brennt, der sollte sich um eine Wiederannäherung bemühen. Sie ist ein Zeichen der Reife. Mit der Versöhnung mit meinen Geschwistern erlischt zugleich eine vergiftete Quelle meines Eifersuchtpotenzials.

Der Partner

Das Drama der Eifersucht wurzelt ja
in der Überzeugung, Liebe sei nur
dann echt, wenn man in einer Zwei-
einigkeit lebe, die in keiner Weise
geöffnet werden dürfe.
Verena Kast, Neid und Eifersucht.
Die Herausforderung
durch unangenehme Gefühle

Zum Eifersüchtigen gehört häufig der Partner wie der Schlüssel zum Schloss. Das ist mir in Eheberatungen immer wieder aufgefallen. Auch in der Eifersucht-Talkshow bei Ilona Christen habe ich mich das bei Renate und Klaus gefragt. Warum machte dieser brave Mann den Wahn seiner eifersüchtigen Frau mit einer solchen Engelsgeduld mit? Wer ist eigentlich von diesen beiden verrückter, fragte ich mich.

Ist es Renate, die ständig nicht existierende Affären ihres Mannes erfindet, oder ist der ange-

„… und dann wünsche ich dir noch viel Spaß
auf deiner Betriebsfeier."

passte Klaus kränker, der diesen Zirkus jahrelang mitmacht, sein Leben minutenweise kontrollieren lässt und vergeblich seine Frau, auch vor einem Millionen-Fernsehpublikum, von seiner Treue zu überzeugen versucht? Warum meidet Klaus mittlerweile jeden Kontakt mit Frauen? Warum wagt er in der Fußgängerzone nicht mehr, den Augenkontakt mit einer anderen Frau aufzunehmen? Warum verzichtet Klaus auf eigene Unternehmungen, Kurzurlaube mit Freunden, alleine bummeln, ins Kino gehen? Warum tut Klaus alles, um in vorauseilendem Gehorsam jeden potenziellen Argwohn seiner eifersüchtigen Frau zu zerstreuen? Gehört Klaus nicht genauso zum System dieser Eifersucht wie seine kranke Partnerin Renate?

Mich machte bei der Fernsehsendung etwas stutzig. Klaus führte Renate mit einer Mischung von Verzweiflung und insgeheimer Befriedigung vor. Es sah so aus, als ob er von ihrer Neurose auf gewisse Weise sogar profitierte. Wie das?

Hier liegt, so scheint mir, das vor, was der Psychoanalytiker Jürg Willi eine Kollusion, ein verborgenes trübes Zusammenspiel (von lateinisch *colludere*, zusammenspielen), nennt. Zum eifersüchtigen Haustyrannen gehört ein Partner, der die Sklavenrolle übernimmt. Denn warum geht er nicht einfach? Antwort: Offensichtlich bezieht er aus der Eifersuchtskollusion einen neurotischen Mehrwert. Ich vermute, es handelt sich um die *Aufwertung eines schwachen Egos*.

In der Fernsehsendung wurde es sichtbar. In dem Eifersuchtsdrama begegneten sich zwei schwache Ichs. Beide werten sich auf paradoxe Weise auf. Die eifersüchtige Renate appelliert durch ihre wahnhaften Verfolgungsmaßnahmen hindurch: *Du gehörst nur mir! Durch dich, großer Mann, bin ich auch toll! Du bist mein Besitz.* Der Mann, unser grauhaariger Klaus, genießt umgekehrt die ununterbrochene Aufmerksamkeit und „Wertschätzung" seiner eifersüchtigen Frau. Er sagt sich sozusagen: *Deine Eifersucht macht mich wertvoll! Ich kleiner Angestellter muss ja ein ganz tolles Exemplar sein, dass du mir unablässig nachspionierst. Ich bin offensichtlich ein männlicher Trüffel von vollendeter Verführungskraft!*

Hier haben sich also zwei schwache Menschen zusammengefunden. Die Frau bezieht aus dem Mann ihr Selbstwertgefühl, der Mann sonnt sich in seiner Bedeutung für die Frau. Keiner von beiden hat je die größte Liebesgeschichte seines Lebens absolviert – die Liebe zu sich selbst. Renate und Klaus sind vermutlich beide Marionetten einer Dramaturgie, die ihrer beider Kindheit beherrschte: Die Wunde des Ungeliebten. Die Angst, verlassen zu werden. Das mangelnde Selbstwertgefühl. Der kindlich Ungeliebte oder zu wenig Geliebte sucht, fälschlicherweise wie verständlicherweise, sein Heil in der hermetischen Liebe, im Überlebensbunker einer luftdicht geschlossenen Zweierbeziehung.

Das Drama der Eifersucht wurzelt nach Verena Kast *in der Überzeugung, Liebe sei nur dann echt, wenn man in einer Zweieinigkeit lebe, die in keiner Weise geöffnet werden dürfe. Das ist aber eine Paradiesillusion, das gab es nämlich nicht einmal in der frühen Kindheit (Neid und Eifersucht).* Das heißt aber auch, dass der oder die Eifersüchtige sich selbst wie den Partner davor bewahrt, erwachsen zu werden und das Abenteuer der Freiheit zu riskieren. Es ist wie in der Diktatur – der „Führer" ist ja nicht nur der Unterdrücker. Er ist auch der, der den Geführten die Anstrengung abnimmt, sich selbst den Kopf über Politik zu zerbrechen und sich zu engagieren.

Der Eifersüchtige und sein Partner bilden ein Gespann, das sich freiwillig mit Handschellen aneinandergefesselt hat. Beide kommen nicht auf die Idee, die Fessel zu lösen. Beide haben Angst, dann allein zu sein. Beide müssten sich für einen eigenen Weg entscheiden durch Einsamkeit und Unsicherheit hindurch. Die Partner von Eifersüchtigen kommen mir oft vor wie die *Co-Abhängigen des Alkoholikers*. Sie ziehen von der Diktatur des Süchtigen makabren Gewinn: Sie haben ein bislang vernachlässigtes Bedürfnis nach Wichtigsein und Beachtetwerden, so dass sie selbst der negativen Dauerbeschäftigung des Partners mit ihrer Existenz etwas Positives abgewinnen. Vor allem aber: Beide müssen sich nicht entwickeln. Beide verharren im alten psychodynamischen Sumpf.

Partner von Eifersüchtigen, die die Tragikomödie jahrelang mitspielen, sollten sich selbst einmal kritische Fragen stellen: Was mache ich mit meinem Aushalten seiner/ihrer Eifersucht? Was bringt es mir? Verharre ich in einer infantilen Position? Wie steht es mit meiner Ich-Stärke? Warum habe ich nicht gelernt, Grenzen zu setzen? Warum zementiere ich durch mein Gewährenlassen die (Eifer-)Suchtkrankheit des Partners? Warum packe ich meine eigenen Probleme nicht an?

Die chronische Eifersucht ist immer zugleich auch eine Beziehungskrankheit, an der beide Partner ihren Anteil haben. Wie klagte doch einmal ein etwa fünfzigjähriges Paar in der Beratung bei mir: *Die Eifersucht ist unser Dauerthema. Für unsere anderen Probleme haben wir überhaupt keine Zeit.* Beide hatten seit vier Jahren keine Sexualität mehr miteinander. Der Mann war arbeitslos, die Frau esssüchtig. Die Eifersucht des Mannes war zum Thema der Ablenkung geworden. Als wir in der Paartherapie ernsthaft ihr soziales und privates Leid durcharbeiteten, Wut und Trauer kommen ließen und Lösungen fanden, da schmolz seine Eifersucht wie die Butter in der Sonne.

Die Gesellschaft

Der Konsumentenhaltung liegt der Wunsch zugrunde, die ganze Welt zu verschlingen, der Konsument ist der ewige Säugling, der nach der Flasche schreit. Das wird offenkundig bei pathologischen Phänomenen wie Alkoholismus und Drogensucht ...

Der moderne Konsument könnte sich mit der Formel identifizieren: Ich bin, was ich habe und was ich konsumiere (...).

Wird Liebe aber in der Weise des Habens erlebt, so bedeutet dies, das Objekt, das man „liebt", einzuschränken, gefangenzunehmen oder zu kontrollieren. Eine solche Liebe ist erwürgend, lähmend, erstickend, tötend statt belebend.

Erich Fromm, Haben oder Sein.
Die seelischen Grundlagen
einer neuen Gesellschaft

„Also, Eifersucht ist für uns überhaupt
kein Thema…“

Wir fragten eingangs, ob die Eifersucht nur einen individuellen, gleichsam genetischen Schicksalsschlag darstellt oder ob sie gesellschaftliche Hintergründe hat. Der Gedanke beschäftigte uns: Tritt Eifersucht in anderen Kulturen schwächer oder stärker auf? Gibt es einen Zusammenhang zwischen Eifersucht und Religion? Denken wir einmal an das Virginitätsideal der Katholischen Kirche, das die vor- oder außereheliche Sexualität der Frauen als Todsünde brandmarkte. Nehmen wir hinzu etwa die patriarchalische Männerherrschaft einer Gesellschaft wie die der Sizilianischen, so wird verständlich und doch schwer entschuldbar, dass der männliche Affektmord an einer „untreuen" Frau von der Justiz und der öffentlichen Moral jahrhundertelang als Kavaliersdelikt bagatellisiert wurde. Die Eifersucht adelt in diesem rückständigen Geschlechterverständnis erst eigentlich den Mann ...

Immer wieder hat die Menschheit in der Gestalt ihrer großen Vordenker den Traum einer eifersuchtsfreien Gemeinschaft geträumt. Der englische Staatsmann und Schriftsteller Thomas Morus versuchte Anfang des 16. Jahrhunderts allen Ernstes in seiner Zukunftsvision „Utopia" alle menschlichen Liebesangelegenheiten harmonisch zu regulieren und die Eifersucht aus dem Affektgeschehen zu verbannen. Auf seiner utopischen Insel, auf der es keinen Privatbesitz und keine Not gibt, ist viel Zeit für die Liebe. Männer und Frauen arbeiten nur sechs Stunden am Tag. Der voreheliche Geschlechtsverkehr ist rigoros verboten. Keiner, so dachte sich der skeptische Morus, wird sein ganzes Leben mit einem Partner verbringen und die ehelichen Beschwerlichkeiten auf sich nehmen, wenn er ihn zuvor schon intim kennengelernt hat. Jeder darf den künftigen Partner nur einmal vor der Hochzeit, in Anwesenheit einer Aufsichtsperson, nackt erblicken. Ehebruch wird mit Zwangsarbeit bestraft, bei einem Rückfall droht die Todesstrafe. Heute rührt uns der Versuch, außereheliche Begierden mit dem Henker zu unterbinden, lächerlich an. Wo immer es Menschen gibt, locken die Kirschen in Nachbars Garten...

Noch weiter ging, zur gleichen Zeit, der Dominikanermönch Tommaso Campanella in seinem Zukunftsroman *Der Sonnenstaat*. Der Staat führt hier die Geschlechter zusammen. Der futuristische Mönch stellte sich dies so vor: *Da nach Art der alten Spartaner bei den Übungen auf dem Sportplatz alle, Männer wie Frauen, völlig nackt sind, erkennen die Beamten, die die Aufsicht führen, wer zeugungsfähig und wer ungeeignet zum Beischlaf ist und welche Männer und Frauen ihrer körperlichen Veranlagung nach am besten zusammenpassen. Dann erst weihen sie sich, nach einem Bade, dem Liebeswerk. Große und schöne Frauen werden nur mit großen und tüchtigen Männern verbunden, dicke Frauen mit mageren Männern und schlanke Frauen mit starkleibigen Männern, damit sie sich in erfolgreicher Weise ausgleichen.*

Natürlich sind beide utopischen Modelle naiv. Weder wird es mit Morus gelingen, die Menschen zur Treue zu zwingen, noch kann man mit Campanella die Leidenschaft durch „eugenische" Maßnahmen ausschließen. Und doch steckt ein Moment der Wahrheit in diesen Utopien: das Soziale. Denn Eifersucht ist nicht nur ein privates Phänomen, sondern sie hat einen gesellschaftlich-ethischen Hintergrund.

Sicher ist Eifersucht, psychologisch betrachtet, eine Form von Selbstzweifel, von Angst, dass man mit seiner mangelnden Attraktivität den Partner nicht mehr an die eigene Person binden kann. Eine solche Angst entsteht allerdings auch vor dem Hintergrund einer Ideologie, die Körper und Geist des Partners als Besitz betrachtet. Hier herrscht die Mentalität des Privateigentums. Der Psychologe Erich Fromm spricht in diesem Zusammenhang von der Spannung zwischen *Haben oder Sein*. In seiner berühmt gewordenen Darstellung des gleichnamigen Buches steht die Existenzweise des Habens für die Übel der gegenwärtigen Zivilisation, die des Seins aber für die Möglichkeit eines erfüllten, nicht entfremdeten Lebens. Der alltägliche Kapitalismus ist, so Fromm, vom Modus des Habens oder Habenwollens bestimmt: *Die Haben-Orientierung ist charakteristisch für den Menschen der westlichen Industriegesellschaft, in welcher die Gier nach Geld, Ruhm und Macht zum beherrschenden Thema des Lebens wurde.*

Aber was nützt es dem Menschen, wenn er die ganze Welt gewinnt, sich selbst aber verliert und Schaden erleidet, so wäre mit dem Evangelisten Lukas zu fragen. Schon der junge Karl Marx lehrte, dass Luxus ein genauso großes Übel ist wie Armut und dass es das menschliche Ziel sein müsse, viel zu *sein*, nicht viel zu *haben*. In der Existenzweise des Habens ist die Beziehung zur Welt, nach Fromm, die des Besitzergreifens und Besitzens, während die Existenzweise des Seins Lebendigkeit und authentische Bezogenheit zur Welt bedeutet.

Fromm warnt vor einer possessiven, d.h. einer besitzergreifenden Interpretation der Liebe. Er sagt: *Häufig ändert sich mit der Eheschließung die Situation grundlegend. Der Ehevertrag gibt beiden das exklusive Besitzrecht auf den Körper, die Gefühle, die Zuwendung des anderen. Niemand muss mehr gewonnen werden, denn die Liebe ist zu etwas geworden, was man hat, zu einem Besitz.* Die Eheleute arrangieren sich nun auf dieser Ebene. Sie besitzen sich, statt sich zu lieben. Fixiert sind sie auf das gemeinsame Geld, die gesellschaftliche Stellung, den *Besitz* von Haus und Kindern. Fromm: *Die mit Liebe beginnende Ehe verwandelt sich so in einigen Fällen in eine freundschaftliche Eigentümergemeinschaft, eine Körperschaft, in der zwei Egoismen sich vereinen: Die „Familie".*

In der Existenzweise des Habens erläutert Fromm, gibt es keine lebendige Beziehung zwischen mir und dem, was ich habe. Die Haben-Orientierung ist in Wahrheit Habsucht, *sie verwandelt alles und alle in Tote, in unterworfene Objekte.* Liebe, ursprünglich eine produktive Tätigkeit des Interesses, der Fürsorge, der Faszination und des Erstaunens, der Dankbarkeit und Beglückung, verwandelt sich in ihr Gegenteil. Sie schlägt, im Zweifelsfall, um bis in die mörderische Qualität der kriminellen Eifersucht: *Wird Liebe aber in der Weise des Habens erlebt, so bedeutet dies, das Objekt, das man „liebt", einzuschränken, gefangen zu nehmen oder zu kontrollieren. Eine solche Liebe ist erwürgend, lähmend, erstickend, tötend statt belebend.*

Das ist keine Übertreibung. Wir lesen täglich in den Zeitungen von dieser *tötenden statt belebenden* Liebe. Unter der Schlagzeile *Familie ermordet* meldet die dpa am 01. 09. 2000: *Hamburg. Offenbar aus Eifersucht hat ein junger Mann seine Ex-Freundin (36) und zwei ihrer Töchter (14, 15) erschossen. Eine dritte Tochter (11) konnte dem Mörder entkommen. Anwohner hatten die Polizei alarmiert, nachdem die Schüsse in der Wohnung der Familie in Hamburg-Wilhelmsburg gefallen waren.*

Noch einmal Erich Fromm: *In der Existenzweise des Habens findet der Mensch sein Glück in der Überlegenheit gegenüber anderen, in seinem Machtbewusstsein und in letzter Konsequenz in seiner Fähigkeit, zu erobern, zu rauben und zu töten.*

In der Existenzweise des Seins dagegen liegt die Fähigkeit des Menschen im Lieben, Teilen und Geben. Hier muss ich den anderen nicht länger besitzen. Ich bin vom anderen und seiner Bindung nicht abhängig im Sinne der Eifer-Sucht. Fromm meint: *Wenn i c h b i n, d e r i c h b i n, und nicht, was i c h h a b e, kann mich niemand berauben oder meine Sicherheit und mein Identitätsgefühl bedrohen. Mein Zentrum ist in mir selbst – die Fähigkeit, zu sein und meine mir*

eigenen Kräfte auszudrücken, ist Teil meiner Cha-
rakterstruktur und hängt von mir ab.

Der chronisch Eifersüchtige sollte einmal
seine eigene innere Seelenlage der Unterlegenheitsgefühle und seinen kompensatori-
schen Griff nach dem Eigentum, auch am anderen Menschen, kritisch bedenken. Friedrich
Nietzsche, der große Psychologe unter den
Philosophen, empfiehlt: *Wer wenig besitzt, wird*
um so weniger besessen.

Goethe, der immer für das Sein und gegen
das Haben Partei ergriff, charakterisiert den
Vorzug in der Befindlichkeit des Seins gegenüber der des plumpen Besitzenwollens in seinem Gedicht *Eigentum* in eindringlicher Präg-
nanz:

> *Ich weiß, dass mir nichts angehört*
> *Als der Gedanke, der ungestört*
> *Aus meiner Seele will fließen,*
> *Und jeder günstige Augenblick,*
> *Den mich ein liebendes Geschick*
> *Von Grund aus lässt genießen.*

Vor allem Männer betrachten heute noch Frauen als ihren Besitz. Sie schlagen aus Eifersucht die eigene Frau und drohen an, den Rivalen „platt zu machen". Am liebsten würden sie die Frau wie eine Kuh im amerikanischen Westen mit einem Brandzeichen auf dem Po als Privatbesitz markieren. Die Frauenhäuser sind voll von solcher Art in Besitz gehaltener, zusammengeschlagener Frauen. Hier gilt es, solche sozialen Formen der Eifersucht als Formen der Feigheit und des Kriminellen gesellschaftlich indiskutabel zu machen.

Eifersucht spielt sich nicht im luftleeren Raum ab. Sie wird entweder politisch toleriert oder es wird ihren schlimmen Auswüchsen der soziale Boden entzogen. Sichert der Staat die wirtschaftliche Unabhängigkeit und damit die Autonomie der Frau? Immerhin kann mittlerweile in Deutschland eine Frau den prügelnden Ehemann aus der Wohnung verweisen. Das ist ein juristischer Fortschritt. Wird die Selbstjustiz aus Eifersucht drastisch und abschreckend genug bestraft? Führt die Kirche einen reaktionären Kurs, der Sexualneurosen und Vorurteile begünstigt? Bezeichnet sie

Außenbeziehungen als „Sünde"? Immerhin hat die große Strafrechtsreform von 1979 in der Bundesrepublik den „Ehebruch" ausdrücklich nicht als Straftatbestand definiert.

Die Kirchen, die Medien, die Schlager, die Familienideologie, der Staat propagieren die Zweierbeziehung als die einzig mögliche Gestaltung der Liebe. Obwohl die Sexualität öffentlich unablässig dargestellt und diskutiert wird, gilt die unter erwachsenen Menschen praktizierte erotische Mündigkeit in der öffentlichen Diskussion oft noch heuchlerisch als Verfallszeichen einer permissiven (den Verlust der Wertordnung tolerierenden) Gesellschaft. Die lebenslänglich monogame Beziehung stellt sozusagen, trotz aller Aufbrüche der Moderne, das Pariser Urmeter der Liebesordnung dar.

Dabei wissen alle, dass diese Lebensform, wenn man sie absolut setzt, nur unter größten Schwierigkeiten und neurotischen Opfern zu halten ist. *Es genügt nicht, von Treue zu reden*, warnt der vom Papst amtsenthobene „sanfte Rebell", der frühere Bischof Jacques Gaillot von Evreux, *Sexualität außerhalb der Ehe ist ein gesellschaftliches Massenphänomen (eine Kirche, die nicht dient, dient zu nichts).*

Mit anderen Worten: Ist das Ideal der Monosexualität mit einem Partner auf Lebenszeit auf Biegen und Brechen zu halten? Zwingt uns nicht das Phänomen der krankhaften Eifersucht, unsere Theorie der Beziehungen zu überdenken? Die Eifersucht basiert auf der Exklusivität *einer* Beziehung. Können wir nicht mehrere Personen zur gleichen Zeit in einer tiefen Weise, platonisch, mit einem Hauch von Eros oder auch sexuell lieben? Kann Zweisamkeit alles bringen – Freundschaft, Wildheit, Versorgung, Spiritualität? Kann mir ein Partner alles bieten? Kann i c h einem Partner alles bieten? Was heißt Treue? Sind emotionale und sexuelle Treue identisch?

Das alles sind Fragen, die jeder für sich und die jedes Paar gemeinsam klären muss. Aber es sind nicht nur Konfliktpunkte der individuellen Konsensmoral, der Suche nach einer Lösung in der Intimität der Beziehung, sondern sie sind geprägt durch ein Umfeld der gesellschaftlichen weltanschaulichen Toleranz oder der Intoleranz. Ein verheirateter protestantischer Pfarrer um die fünfzig Jahre herum traute sich nicht, wie er mir in der Therapie offenbarte, seine langjährige Geliebte zu heiraten. Er hatte Angst: *Meine Kirche wird mich bei einer Scheidung aus meiner Gemeinde hinauswerfen und mich strafversetzen.*

Die Heilung

Hast du dich selbst lieb, so hast du alle
Menschen lieb wie dich selbst.
Meister Eckhart

Kann man Eifersucht heilen? Ja, aber der Prozess ist schwer und verlangt den ganzen Einsatz der Persönlichkeit. Die falsche Ideologie vom Besitz des geliebten Menschen, muss ich, wie wir sahen, hinter mir lassen. Jeder von uns lebt mit sozial geprägten und familiären Auffassungen über die Normen der Beziehung. Der eine ist eingeklemmt in eine enge konventionelle Moral, der andere ist liberal von seiner Erziehung her und experimentierfreudig. Generell gilt es für jeden von uns, eifersuchtsförderliche Auffassungen durch tolerante Ansichten zu ersetzen, durch ein weltoffenes Krisenmanagement.

Die Liebe ist ein Kind der Freiheit. Sie verträgt keine Gefängnisordnung. Wenn ich ei-

„Und eines Tages erwische ich dich doch!"

fersuchtsbremsende Verhaltensmuster entwickeln will, muss ich über meinen Schatten hinweg springen. Selbst da, wo Eifersucht berechtigt ist, kann ich sie produktiv machen, statt sie rasend wie eine Keule zu schwingen. Wenn mein Partner, meine Partnerin sich verliebt hat und vielleicht sogar mit der oder dem Neuen ins Bett gegangen ist, muss dann wirklich die Welt untergehen? Ist jede Außenbeziehung eine irreparable Katastrophe?

Stellen sich in einem solchen Fall nicht im Gegenteil Fragen über Fragen? Mit Eifersucht schöpferisch umgehen heißt, sich ihr zu stellen. Auf einen Seitensprung kann man destruktiv antworten, indem man nach Art des glühend Eifersüchtigen den Rivalen oder die Rivalin schlecht macht und dem eigenen Partner die Hölle inszeniert. Man könnte aber auch das machen, was C. G. Jung die *Schattenarbeit* nennt. Ist es nicht denkbar, dass der Mann, in den sich meine Frau so sehnsuchtsvoll verliebt hat, Charakteraspekte verkörpert, die bei mir fehlen bzw. noch als verborgene, zu entwickelnde Qualitäten und Energien im Schattenbereich meiner Persönlichkeit liegen?

Dieser „Scheißkerl" kann zuhören und stellt Fragen – ich dagegen bin schweigsam wie eine Litfasssäule. Dieser „Schweinehund" ist warmherzig und voller Gefühle – ich bin ein emotionales Sparschwein. Dieses „Weichei" schreibt lange Briefe und schenkt meiner Frau Rosen – ich lehne das als „Schnickschnack" ab und hocke Abend für Abend mit meinem Bier vor dem Fernseher. Vielleicht sollte ich den ungeliebten Rivalen einmal versuchsweise im Laboratorium meiner Gedanken zu meinem „Schattenfreund" machen und ihn mir mit dem Reichtum seiner weichen Männlichkeit zum *Vorbild* machen, anstatt ihn pausenlos zu beschimpfen.

Auch Frauen steht es natürlich gut an, bei einer Außenbeziehung des Mannes den eigenen Anteil in diesem schmerzhaften Drama zu reflektieren und ihren Anteil am Geschehen zu übernehmen. Blinde Eifersucht führt nicht weiter. Selbstverständlich tut es schrecklich weh, wenn das Gleichgewicht der bisherigen Beziehungsbalance zerbricht. Das neue Beziehungsdreieck ist für den vorübergehend verlassenen Partner eine wahre Höllenpein: *Es ist eine alte Geschichte, / doch bleibt sie immer neu. / Und wem sie just passieret, / dem bricht das Herz entzwei.* So der Dichter Heinrich Heine.

Eine Außenbeziehung verweist in der Regel auf den tiefliegenden Defekt in der Binnenbeziehung. Daran sind beide beteiligt. Für die Frau bedeutet dies, in der plötzlich aufgetretenen Rivalin nicht ausschließlich die Bedrohung der Ehe zu sehen, sondern auch den Schatten der selbst noch nicht gewagten Weiblichkeit. Dieses „Flittchen" schminkt sich apart und trägt erotische Dessous – ich laufe dagegen rum wie eine orthodoxe Anthroposophin im Wollrock bis zu den Waden. Diese „Schlampe" tanzt und flirtet – ich bin verhuscht wie eine alte Betschwester. Diese „Zicke" bildet sich fort und sprüht nur so von Lebenslust – ich kriege den verbitterten Zug um meinen Mundwinkel nicht los. Was für eine Chance liegt für die „betrogene" Frau darin, sich die „Schattenfeindin" zur „Schattenfreundin" zu machen und herauszufinden, was diese ihr vorlebt. Das kann wahre Wunder bewirken. Wie das?

Andrea und Martin (beide Namen geändert), ein Lehrerehepaar mit zwei Kindern, kamen zu mir, weil ihre Ehe ins Trudeln geraten war. Martin, ein schlanker Sportlertyp mit einem markanten Bart, ein leidenschaftlicher Klavierspieler von der Klassik bis zum Jazz, knisterte geradezu vor Sinnlichkeit. Ich hatte das Gefühl, wenn ich ihn berührte, würden erotische Funken überspringen. Kein Wunder auch, er hatte sich *eine andere Frau ans Land gezogen*, wie er halb verlegen, aber auch mit dem uralten Beutestolz des Jägers gestand. Andrea, übergewichtig, in einer Art unkleidsamen Trainingsanzug vor mir sitzend und mit klobigen Turnschuhen angetan, war außer sich, verzweifelt und weinte Sturzbäche. Natürlich fungierte der fremdgängerische Martin in ihren Augen als der große Schurke in der Inszenierung „Die Schöne und das Biest".

Ich habe mit beiden eine gründliche Paartherapie unternommen, vor allem aber die depressiv klagende Andrea zu einer tüchtigen therapeutischen Kollegin geschickt, die selbst über eine starke weibliche Ausstrahlung verfügt. Ein kleines Wunder geschah bei beiden:

Martin verzichtete darauf, wie ein kleiner Junge sich vor „Mami" zu verdrücken und seine Bedürfnisse heimlich zu stillen. Er hatte lange Jahre der emotionalen und sexuellen Dürre einfach ausgehalten, bestenfalls auf den Knien gemeutert, indem er auf Landschulwochen mit Kolleginnen *herumknutschte*, wie er es selbst nannte.

Jetzt lernte Martin, unbequem zu werden. Er machte den Mund auf. Er sagte Andrea ins Gesicht, was ihm an ihr nicht gefiel. Früher hatte er immer konfliktscheu behauptet, *ich liebe jedes Gramm an dir*. Jetzt machte er klaren Tisch: *Du bist dick geworden. Es ist nicht schön, mit dir auszugehen. Ich habe keine Lust auf dich. Gehe lieber in die Auseinandersetzung mit mir, anstatt alles in dich hineinzufressen und dir einen Kummerspeck anzulegen. Zieh dich schick an, für dich und für mich. Das finde ich an einer Frau schön. Sei wieder lebenslustig wie am Anfang. Lass uns die Hausarbeit und die Freizeit neu aufteilen. Du bist zu kurz gekommen. Ich verstehe deinen Ärger. Aber es nützt uns beiden nicht, wenn du darauf nur mit Muffigkeit reagierst.*

Aber auch mit Andrea ging, wie bei einer

Märchenheldin, ein wundersamer Wandel vor sich. Sie weinte sich, wie sie mir erzählte, in ihren starken Therapiesitzungen erst einmal die Seele aus dem Leib über ihre verpfuschte Aschenputtel-Kindheit und die „Wunde der Ungeliebten". Aber an der Hand der schwesterlichen Therapeutin gelangte sie auch an die Quellen ihres Zorns und des Widerstandes, des Aufbruchs und der Veränderung. Sie beschloss, ein kühnes Frauenleben zu verwirklichen und sich nicht länger von der krankhaft gewordenen Eifersucht lähmen zu lassen. Immerhin war sie so weit heruntergekommen, dass sie täglich Geruchsproben an seinen Händen vornahm (*Er riecht nach dem Flittchen*), sein Handy kontrollierte und ernsthaft erwog, eine Detektei zu beauftragen, das *Vorleben der Schlampe* (Originalton) zu erkunden.

Andrea stellte die Ernährung um, nahm ab, kleidete sich neu ein, machte einen Tangokurs, reaktivierte die Beziehung zu ihren Freundinnen, sie ging tanzen und – sie ging in die Höhle des Löwen selbst, sie besuchte ihre Rivalin. Das Unerwartete geschah: Die beiden Frauen fanden sich sympathisch.

Andrea war in der Lage, die Realitäten wahrzunehmen: *Rosa, so hieß Martins Freundin, imponierte mir. Sie war genau das, was ich werden wollte, ein Prachtweib. Trotzdem musste ich mich vor ihr nicht verstecken. Was ich ihr voraus hatte, waren mein schöner Beruf, meine literarischen Interessen, ja, ich sage es ohne Arroganz, meine Spiritualität und Tiefe. Jede von uns beiden hatte etwas, was die andere nicht besaß. Das vierstündige Gespräch mit dieser Frau, die ich nie wiedergesehen habe, hat mein Leben grundlegend verändert. Ich begriff Martins Faszination. Ich sah, was ich von dieser Frau lernen konnte, ich erkannte aber auch meinen Eigenwert.*

Andrea räumte Martin die Möglichkeit ein, sich in einem angemessenen Zeitraum nobel von Rosa zu verabschieden und das Gute, was er mit ihr erlebt hatte, treu in seinem Herzen zu bewahren. Sie besiegte ihre Eifersucht. Beide nutzten die schwere Beziehungskrise als eine Chance zu ihrer Paarevolution.

Liebe ist eine Produktion, sagt Bert Brecht. Liebe ist Knochenarbeit.

Die Psychoanalytikerin Verena Kast hebt das, was unserer Andrea geschehen ist, mit den Kategorien der Jungschen Tiefenpsychologie auf eine theoretische Ebene: *Hinter der heftigen Ablehnung des Rivalen oder der Rivalin steckt gelegentlich auch eine Faszination. Das brachte Freud wohl darauf, von einer homosexuellen Faszination durch den Rivalen oder die Rivalin zu sprechen. In der Jungschen Terminologie würde man nicht nur von einer sexuellen Faszination sprechen, sondern von einer – ich spreche jetzt von der Frau aus – Animafaszination. Es geht dabei um einen unbewussten, faszinierenden Anteil vom Typus der geheimnisvollen Fremden, welche wesentliche weibliche Anteile der eigenen Psyche verkörpert, die, wenn man mit ihnen in Kontakt kommt, … zum eigenen, auch spirituellen Selbst hinführen. Ob Schattenanteil oder Anima- bzw. Animusfaszination, die Frage ist, ob man mit diesen Anteilen in Kontakt kommen kann, oder ob dieser Rivale und Rivalin einfach abgelehnt und in ihrer Bedeutung für das eigene Leben verleugnet werden.*

Fremdgehen, so Verena Kast, ist nicht einfach negativ zu sehen, es könnte auch sein, dass sich da einem Partner für die Partnerschaft etwas erschließt, was zunächst fremd ist, was aber zu Eigenem werden kann.

Verena Kast kommt zu dem Schluss: *Gelingt es, die Rivalin oder den Rivalen nicht einfach zu verteufeln und damit die ganze Dynamik zu blockieren, die ja bereits im Gange ist, gelingt es uns, uns zu fragen, was denn der Rivale oder die Rivalin mit uns selbst zu tun hat, können wir etwas produktiver mit der Eifersucht umgehen.*

Wer sich selbst treu bleiben will, erkannte der Dichter Christian Morgenstern einmal, *kann nicht immer anderen treu bleiben (Stufen)*. Außenbeziehungen sind die Probe aufs Exempel, ob wir nach Alchimistenart aus der unreinen Materie der brodelnden Eifersucht das Gold der Reifung zu gewinnen vermögen. Der Paartherapeut Hans Jellouschek ermutigt uns in seinem scharfsinnigen Buch *Warum hast du mir das angetan? Untreue als Chance*, in der Untreue zum alten Partner auch das Element der Treue zu sich selbst zu entdecken: *Ich erlebe sehr oft, dass in einer Außenbeziehung eine tiefere Möglichkeit des Menschseins, eine tiefere Möglichkeit von Liebe und Hingabe erlebt wird, wie sie vielleicht noch nie oder schon lange nicht mehr erlebt worden ist. Die Menschen werden plötzlich aus ihrem Alltag herausgerissen und entdecken Fähigkeiten, an die sie nicht geglaubt haben. Durch die neue Liebe geraten sie in eine ganz neue Lebenssituation. Der Mensch erkennt, was ihm in der Liebe möglich wäre. … Es leuchtet also ein Stück Hoffnung auf, dass noch mehr möglich sein könnte, als man bislang in seinem Leben für möglich gehalten hat.*

Die Eifersucht zu heilen, bedeutet, neue Fragestellungen in meinem Leben zuzulassen und mich nicht in seelischen Dogmen einzumauern. Wenn du, liebe Leserin, lieber Leser, den blindwütigen Tornado der Eifersucht in dir kennst und fürchtest, so möchte ich dir ans Herz legen, mit dir selbst und deinem Partner in einen Prozess der Diskussion und Klärung einzutreten und den Mut zu finden, dir selbst gegenüber wie deinem Partner neue Positionen zu gewinnen. Werde dir klar, wo du selbst deine Position finden willst gegenüber den folgenden konträren Auffassungen:

Ich kann nur einen Menschen lieben – ich kann mehrere Menschen lieben.

Mein Partner muss mir alles sein – mehrere Menschen bieten mir viele Facetten.

Ich biete meinem Partner den gesamten Kosmos aller Möglichkeiten – mein Partner braucht auch die Lebendigkeit anderer Menschen.

Absolute Treue ist zu erwarten – Treue müssen wir ausdrücklich und im Detail vereinbaren.

Sex kennt keine Selbstbestimmung – für meine Sexualität bin ich letztlich selbst verantwortlich.

Treue ist identisch mit sexueller Exklusivität – Treue ist in erster Linie Rücksichtnahme, gefühlsmäßige Verbindung, emotionale Treue.

Die Partnerschaft ist heute eine Leerformel, die wir Liebenden selbst zu füllen haben. Das ist neu. Früher war die Ehe eine gusseiserne Institution, die gehalten wurde durch Herkunft, Konventionen, Religiosität, Frauen- und Männerrollen, ökonomische Zwänge und soziale Benachteiligung der Frau. Heute basiert die Beziehung auf dem flüchtigsten aller Gefühle – der Liebe, nicht dem Besitztitel auf den anderen. Die Heilung der Eifersucht liegt also im Sprechen über unsere Gefühle, Verletzungen und Sehnsüchte. Vor allem aber beruht die Heilung von der Eifersucht auf der Heilung des kranken Ich.

Das Ich

*Das Du ist älter als das Ich; das Du
ist heilig gesprochen, aber noch nicht
das Ich: So drängt sich der Mensch
hin zum Nächsten ... Der eine geht
zum Nächsten, weil er sich sucht, und
der andere, weil er sich verlieren
möchte. Eure schlechte Liebe zu Euch
selber macht Euch aus der Einsamkeit
ein Gefängnis.*

Friedrich Nietzsche
Also sprach Zarathustra

An der Eifersucht zu arbeiten bedeutet letztlich, an sich selbst zu arbeiten. Ich stehe vor der Aufgabe, mein in der Kindheit verletztes Selbstwertgefühl selbst zu heilen. Diese Aufgabe kann mir kein anderer abnehmen. Er kann mich bestenfalls durch scharfe Grenzziehung zwingen, mein selbstzerstörerisches Eifersuchtsverhalten überhaupt erst einmal zu erkennen. Das rate ich jedem Partner eines krankhaft Eifersüchtigen. Er muss vor

„Du darfst dich bei mir absolut
frei entfalten."

den Eifersüchtigen hintreten und ihm die Wahrheit sagen:

Deine Eifersucht ist eine Krankheit. Du musst etwas dagegen tun. Geh in eine Männergruppe, in eine Frauengruppe. Mach eine Therapie. Die Eifersucht ist allein dein Problem. Ich lasse mich in Zukunft nicht mehr in endlose Diskussionen verstricken. Ich erlaube dir nicht mehr, über mich diktatorisch zu bestimmen. Ich steige aus dem Spiel aus. Meine Solidarität gilt dir, aber nicht deinem eifersüchtigen Verhalten. Wenn du deine Eifersucht nicht bewältigst, werde ich im Zweifelsfall gehen. Schon gar nicht mehr nehme ich deine körperliche oder verbale Gewalt hin. Noch ein Vorfall, und du hast mich gesehen.

Der Eifersüchtige steht immer in der Gefahr, nicht nur seinen Partner, sondern auch seine Selbstachtung zu verlieren. *Die Eifersucht ist eine Nacht, in der keine Sterne leuchten,* lautet ein irisches Sprichwort. Die Auflösung meiner kindlichen Verschmelzungswünsche und irrationalen Verlustängste, das ist die seelische Knochenarbeit, die ich als chronisch Eifersüchtiger zu leisten habe.

Ich muss mein Ich „reparieren", indem ich zunächst meine frühesten Ohnmachts- und Verlassenheitsgefühle erinnere, gefühlshaft wiederhole, beweine und bewüte, durcharbeite und verabschiede. Ich bin nicht mehr das kleine Mädchen, der kleine Junge von damals. Keiner kann mich mehr bedrohen, mich manipulieren, mich kleinmachen. Ich habe ein Recht, hier auf dieser Welt zu sein. Ich darf mich akzeptieren. Ich bin ein einmaliges Individuum mit einem reichen inneren und äußeren Kosmos.

Eifersucht, so sagte der Dichter Max Frisch einmal, *ist die Angst vor dem Vergleich*. Warum scheue ich immer noch den Vergleich mit anderen? Mich mögen heißt nicht mehr und nicht weniger, als mich selbst bedingungslos anzunehmen, ein warmherziges Gefühl mir gegenüber zu entwickeln, mich mir selbst zum Freund zu machen. Eifersüchtig bin ich doch nur, wenn ich mich selbst als armseliges Würstchen fühle. Wenn ich meinen Partner nicht durch meine Persönlichkeit fessele, sondern ihn mit meiner eifersüchtigen Kontrolle in Fesseln schlage.

Liebe deinen Nächsten wie dich selbst, heißt es im Neuen Testament. Wie kann ich aber meinen Partner lieben, wenn ich zuvor nicht gelernt habe, mich selbst zu lieben? Eine Liebe, die den anderen zum Sklaven macht, ist Hörigkeit. Wenn ich meinen Partner kontrolliere, so wird er aus der Kontrolle ausbrechen. Gute Partnerschaften sind in der Regel die, in denen jeder dem anderen größtmögliche Freiheit lässt. Lieben heißt, sich an der Entwicklung des anderen zu freuen und selbst immer in den gewaltigen Lebensstrom des Stirb-und-Werde einzutauchen.

Wenn ich mich selbst gefunden habe, erlischt das suchtmäßige Habenwollen anderer Menschen. In einem Meditationstext, den ich am Ende meines Buches *Das sprachlose Paar. Wege aus der Krise* veröffentlichte, heißt es unter dem Titel *Du brauchst einen Menschen: Du brauchst einen Menschen, der dir einen Weg zeigt, ein leichteres, einfacheres und glücklicheres Leben zu führen.* Am Ende dieses Besinnungstextes lautet die Auflösung: *Diesen Menschen gibt es. Ganz in deiner Nähe. Dieser Mensch bist du.*

Die krankhafte Eifersucht ist ein Wegweiser. Er verweist zurück auf meine innere Einsamkeit. In der Eifersucht bin ich nicht fähig, auf die Welt liebend zuzugehen und mit anderen Menschen lebendigen Kontakt zu knüpfen. Je mehr ich die reiche Alltagswelt mit ihren vielfältigen liebenden Begegnungen mit Freunden, Kollegen, Kindern, Zufallsbekanntschaften vernachlässige, je mehr ich den Augenkontakt, den kleinen Flirt, das An- und Zurücklächeln, den Scherz, die anerkennenden Worte für andere, Gesten der Zuneigung und Überraschungsgeschenke verlerne, desto stärker klammere ich an meinem Partner. Er wird zur einzigen emotionalen Tankstelle für mein verdurstendes Ich. Wie soll er diese überfordernde Aufgabe leisten! Um Eifersucht zu überwinden, muss ich deshalb die engen Grenzen meines Ego verlassen und meine Seele weit für die Welt öffnen. Je mehr Menschen in mein Leben eintreten, desto besser kann ich meine innere Abhängigkeit vom Partner lösen. Je mehr ich die Liebe anderer Menschen zu mir zulasse, desto selbstbewusster und liebessatter werde ich und kann dem Partner mehr Freiheiten lassen.

Ich muss lernen, mit mir selbst Feste zu feiern, in mich selbst verliebt zu sein, meinen Körper narzisstisch zu besetzen, ja, die Welt auf mich eifersüchtig zu machen. Erinnern wir uns an Renate und Klaus, das unglückselige, verkrampfte Paar in der Talk-Show. In der Sendung stand mir nicht viel Zeit zur Verfügung, um Renate einen Weg aus ihrem Dilemma zu weisen und ihr Mut zuzusprechen. Ich habe etwas holzschnittartig interveniert. Ich rief Renate von meinem Beobachterstuhl zu: *Hören Sie doch auf, ständig auf Ihren Mann zu starren. Ziehen Sie sich einmal schicke Klamotten an, einen Minirock. Brezeln Sie sich auf. Spazieren Sie durch die Fußgängerzone, wackeln Sie mit dem Hintern, schauen Sie den Männern in die Augen. Das wird Ihrem Selbstwertgefühl gut tun. Entdecken Sie das wilde Weib in sich! Kommen Sie heraus aus dem Schlupfloch der Eifersucht!* Das Publikum lachte und klatschte der armen Frau begeistert Mut zu.

Sagte ich „arme Frau"? Etwa ein Jahr später begegnete mir auf einer anderen Talkshow, zu der ich wiederum als psychologischer Experte eingeladen war, eine schlanke, raffiniert geschminkte Frau mit einer hübschen Frisur, einer verwegen halb durchsichtigen Bluse, einem elegant schwingenden schwarzen Rock und femininen Stöckelschuhen. Es war Renate, meine Eifersuchtskandidatin vom Vorjahr. Mir fiel die Kinnlade vor Staunen herunter.

Wo ist Ihr Mann? fragte ich instinktiv. Renate lachte: *Von dem habe ich mich getrennt. Er war ein Muttersohn und ein Langweiler. Ich verstehe gar nicht mehr, wie ich ihm all die erotischen Abenteuer andichten konnte. Ich bin jetzt in einer neuen Liebe, aber ohne meine alberne Eifersucht. Sie hatten Recht mit Ihrer Empfehlung. Ich habe mich selbst entdeckt. Das ist so aufregend. Ich habe entdeckt, wie attraktiv ich sein kann. Ich brauche keinem Menschen mehr hinterherzulaufen.* So sprach Renate und entschwand selbstbewusst.

Wenn ich ein schwaches Selbstwertgefühl habe, glaube ich, keinen anderen Partner finden zu können, und neige dazu, mich verzweifelt an den anderen zu klammern. Wenn er sich entwickelt, macht mir das Angst. Er könnte mich ja verlassen. Deswegen zwingen so viele eifersüchtige Männer ihre Frauen, den Wiedereinstieg in ihren Beruf oder die Ausbildung abzubrechen, Freundschaften und Hobbys aufzugeben.

Unreife Liebe sagt nach Erich Fromm: *Ich liebe dich, weil ich dich brauche.* Ich liebe dich, weil ich mich in deinem Glanz sonne, ich liebe dich, weil du mir ununterbrochen Bestätigung signalisieren musst. Reife Liebe sagt nach Fromm: *Ich brauche dich, weil ich dich liebe.* Das will sagen: *Ich könnte auch leben ohne deine Liebe. Aber so ist es viel schöner.* Das sagt weiter: *Auch du brauchst mich, weil du mich liebst.*

Das sind die Grundmaximen einer selbstbewussten Liebe und Selbstliebe. Der Volksmund sagt: *In Eifersucht ist mehr Selbstliebe als Liebe enthalten.* Die Eifersucht ist egozentrisch. Wir sind in der Eifersucht bei uns und nicht beim Partner. Wir kreisen um die eigene Kränkung und nehmen den anderen überhaupt nicht wahr.

Die meisten Menschen ertragen es auf die Dauer nicht, als emotionale Gefangene gehalten zu werden. Der Versuch ist zum Scheitern verdammt, den geliebten Menschen als Geisel festzuhalten. Der japanische Schriftsteller Kobo Abe schildert in seinem – meisterhaft verfilmten – Roman *Die Frau in den Dünen*, wie ein unglücklicher Reisender von einer Frau in die Falle gelockt wird und in einer Hütte, am Boden einer tiefen Sandgrube, als ihr Ehemann gefangengehalten wird. Das nimmt ein tragisches Ende. Die Eifersucht ist ein Bankrott des Selbst, sie ist oftmals eine verkappte, larvierte Depression.

Auf einer tieferen philosophischen Ebene bedeutet die Auseinandersetzung mit der eigenen Eifersucht die Begegnung mit der Endlichkeit und Vergänglichkeit aller Lebensformen. Gerade die Liebe konfrontiert mich mit dem Tod. Denn jede Liebe ist, schon rein biologisch, begrenzt durch einen Anfang und ein Ende. Selbst wenn zwei *in guten und schlechten Tagen* zusammengehalten haben, so markiert doch der Tod das Ende dieser Liebe.

Die Liebe ist eine winzige Zeitinsel im Ozean des Nichts und der Sterblichkeit alles Irdischen. Das macht sie zu einer anrührenden Erscheinung. Aber wenn wir ehrlich sind, spüren wir in den tiefen Augenblicken unseres Seins auch und gerade die Bedrohtheit unserer intimsten Liebe. Als meine Liebste an einer schweren Lungenentzündung laborierte, überkam mich jäher Schreck. Plötzlich stand die Angst im Raum, diesen wundervollen Menschen zu verlieren, und ebenso spontan erkannte ich das bedrohte Glück unserer Liebe.

Darüber hinaus ist jede Liebe bereits zu Lebzeiten bedroht. Sie ist es ganz banal durch unsere Unreife und Schwächen, durch Fehlkonstellationen von Anfang an oder durch auseinanderdriftende Entwicklungsprozesse. Jede dritte Ehe in der Bundesrepublik wird geschieden. Auch diese Erkenntnis sollte uns immunisieren gegen eine eifersüchtige Lebenshaltung, die den anderen an die Wand nageln und ein für allemal fixieren will.

Gegen die Eifersucht, die dunkle Schwester der Liebe, gibt es letztlich nur zwei Medikamente: Die wiedergefundene Liebe zu sich selbst und die Freiheit – für sich und den anderen. Wo die *normale* Eifersucht sich einstellt, da darf und soll ich sie auch leben. Ich brauche meinem Partner nicht die Unterwäsche für seinen Seitensprung zu bügeln. Es ist wichtig, dass ich meine ängstlichen und wütenden Gefühle äußere. In der angemessenen Eifersucht mache ich mich selbst für mich, aber auch für den anderen wahrnehmbar. Ich gebe mein Interesse an meinem Partner lautstark zu Protokoll. Ich ehre und verteidige damit unsere Liebe. Ich gebe etwas von mir preis. Ich zeige, wie wichtig der andere für mich ist.

Die Eifersucht kann eine Liebeserklärung sein. Die verstorbene große Düsseldorfer Kabarettistin Lore Lorenz bekannte einmal in einem Fernsehinterview, allerdings lächelnd und mit Übertreibung: *Wenn sich eine andere Frau an meinen Mann Kay heranmachen sollte, dann ziehe ich die Nagelfeile aus meinem Handtäschchen und zerkratze ihr das Gesicht!*

Doch die *krankhafte* Eifersucht zu bewältigen, heißt nachzureifen. Selbst erst eine runde Persönlichkeit zu werden, den eigenen Minderwertigkeitskomplexen eine Seebestattung an der tiefsten Stelle meines Seelenozeans zu bescheren und ein für allemal das Gefängnis der Selbstabwertung und Hörigkeit zu verlassen. Der Sänger Wolfgang Asam hat diese Befreiung in seinem Lied *Geborgen für uns, für andere frei* wunderschön in Worte gefasst:

> *Was ich jetzt sage,*
> *hör gut zu:*
> *Ich bin ein Mensch mit Sehnsucht*
> *nach Liebe*
> *genau wie du.*
> *Ich will zu jemand gehören.*
> *Und doch noch eigen sein.*
> *Ich bin da, wenn du mich brauchst.*
> *Aber bitte, sperr mich niemals ein!*
> *Ein Vogel hört auf zu singen,*
> *sperrst du ihn erstmal ein.*
> *Doch wenn ein Nest zum Käfig wird,*
> *ist es schwer, dein Freund zu sein.*

Habe ich selbst den Käfig meiner Eifersucht geöffnet, so bin ich ein *Seins-Mensch*, der, wie Fromm so einfühlsam formuliert, vertraut, *dass er ist, dass er lebendig ist und dass etwas Neues*

entstehen wird, wenn er nur den Mut hat, loszu-
lassen und zu antworten. Ich bin voller Freude
an meinen geistigen und materiellen Poten-
zen, meinen produktiven Fähigkeiten, meinem lebenden Einssein mit der Welt. Ich bin
mit vielen Menschen verbunden.

Saint-Exupéry schrieb einmal: *Es gibt nur einen*
wirklichen Luxus, den der menschlichen Beziehun-
gen. Jetzt, der krankhaften Eifersucht entron-
nen, lebe ich meine und deine Freiheit, unsere
offene Zukunft. Meine Sucht ist tot! Es lebe
mein neues Ich!

Jetzt wird es spannend.

... weitere Bücher von Mathias Jung:

Seele – Sucht – Sehnsucht
Alltagssüchte ... ein Tabuthema, von dem fast jeder direkt oder indirekt betroffen ist.
352 S., gebunden

Trennung als Aufbruch
Trennungen sind die tapfersten und schmerzhaftesten seelischen Leistungen in unserem Leben.
300 S., gebunden

Die Lebensmitte stellt uns vor unabweisbare Probleme und kühne Herausforderungen!

Lebensnachmittag
(früher: Zweite Lebenshälfte) 256 S., gebunden

Das sprachlose Paar
Jede dritte Ehe geht in die Brüche ... Wie sprachlose Paare wieder Worte füreinander finden, zeigt dieses Buch.
248 S., gebunden

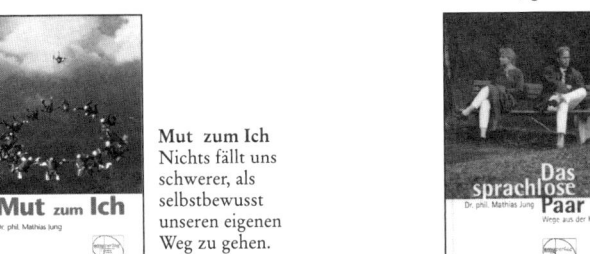

Mut zum Ich
Nichts fällt uns schwerer, als selbstbewusst unseren eigenen Weg zu gehen.
288 S., gebunden

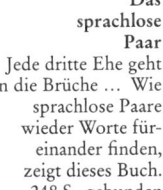

Versöhnung
Töchter – Söhne – Eltern
… warum dieses Thema?
Aus der täglichen psychotherapeutischen Praxis wird überdeutlich, welch hohen Preis wir zahlen, wenn unsere Beziehung zu den lebenden – oder bereits verstorbenen – Eltern gestört ist. Solange wir unsere Eltern mental abweisen, eine Mauer aufrecht erhalten, sie vielleicht sogar hassen, verharren wir ihnen gegenüber seelisch noch in der Kinder- und Opferperspektive. Doch ist eine von Autonomie und Liebe geprägte Beziehung zwischen den Generationen überhaupt möglich – und wie ist sie zu erreichen?
332 S., gebunden

Dr. phil. Mathias Jung

Versöhnung

Töchter, Söhne,
Eltern

Reine Männersache
Was ist los mit dem starken Geschlecht? Mit welchen Hemmnissen und Entwicklungschancen, Krankheits- und Seelenbildern sieht sich der Mann zur Jahrtausendwende konfrontiert?
288 S., gebunden

Vom gleichen Autor erschienen folgende Vorträge als Audiokassetten im emu-Verlag

Tonkassetten (Livevorträge) ca. 1,5 Std.

Lebensberatung

- Mein Charakter – mein Schicksal?
- Depression als Chance
- Das Verdrängte in unserer Seele
- Die Wunde der Ungeliebten
- Das Nein in der Liebe
- Was ist der Sinn des Lebens?
- Meine Sprache – meine Seele
- Söhne brauchen Väter
- Krankheit als Kränkung und Anpassung
- Eifersucht – ein Schicksalsschlag?
- Der Mann – ein emotionales Sparschwein
- Der kleine Prinz – mein verschüttetes Ich
- Geschwisterliebe – Geschwisterrivalität
- Verlassen und verlassen werden
- Neurodermitis – Fehlernährter Körper – Aufgekratzte Seele
- Froschkönig – Glück und Zähneklappern der Liebe
- Das verletzte Kind in mir oder »Hans mein Igel«
- Sein und Schein oder Des Kaisers neue Kleider
- Schneewittchen oder das Drama des Neides
- Das sprachlose Paar
- Zweite Lebenshälfte – Endlichkeit und Aufbruch
- Siddharta: das Rätsel des Lebens
- Das Drama der Trennung
- Ein Zimmer für mich
- Eisenhans oder Wie ein Mann ein Mann wird
- Mut zur Angst
- Das tapfere Schneiderlein oder Mut zum Leben
- Sexualität – Lust und Last
- Eigensinn oder Die Möwe Jonathan
- Außenbeziehung – Krise oder Chance
- Elternablösung – Hänsel und Gretel
- Liebesverträge in der Beziehung
- Lob der Einsamkeit
- Aggressionen unter Liebenden
- Mehr Zeit für mich
- Alkoholkrank: Der Betroffene und seine Familie
- Lebensbedingte Krankheiten nach Dr. M. O. Bruker
- Die Vater-Wunde
- Außenseiter – Das häßliche Entlein
- Befreiung der Weiblichkeit – Das Märchen Blaubart
- Tödliches Schweigen – Der Fischer und seine Frau
- Meditation: Freude – Angst – Hoffnung
- Alter und Tod. Rätsel der Natur
- Verzeihen und Versöhnen
- Frieden mit den Eltern
- Das Paar im Wandel: Jugend, Mitte, Alter
- Sexueller Missbrauch
- Seele – Sucht – Sehnsucht

Philosophie

- Sokrates oder Die Norm meines Gewissens
- Seneca oder Die Freude des Augenblicks
- Augustinus oder Der Zwiespalt
- Giordano Bruno oder Die neue Welt
- Descartes oder Der Januskopf der Wissenschaft
- Spinoza oder Das Abenteuer der Diesseitigkeit
- Hobbes oder Die Zähmung der Bestie Mensch
- Leibniz oder Die Beste aller Welten
- Voltaire oder Die Waffe des Geistes
- Kant oder Die Mündigkeit
- Hegel oder Der Fortschritt
- Feuerbach oder Die Sache mit Gott
- Marx oder die Entfremdung des Menschen
- Schopenhauer oder die Qual des Seins
- Nietzsche oder die Hymne auf das Leben
- Heidegger oder Die Angst
- Jaspers oder Die Weltphilosophie

Dr. med. M. O. Bruker und Co-Autoren:

Ein Verlag,
ein Haus, eine Philosophie.

Millionen Bundesbürger kennen den kämpferischen Ganzheitsarzt Dr. Max Otto Bruker, Jahrgang 1909, aus dem Fernsehen, aus Vorträgen, durch den „Mundfunk" überzeugter Patienten. Vor allem lesen sie aber die rund 30 Bücher des schwäbischen Humanisten und Seelenarztes. Mit einer Gesamtauflage von über drei Millionen Exemplaren ist Max Otto Bruker der wohl bedeutendste medizinische Erfolgsautor im deutschsprachigen Raum. Der – in der Nachfolge des Schweizer Reformarztes Bircher-Benner scherzhaft „Deutschlands Vollwertpapst" genannte – Massenaufklärer, langjährige Klinikchef und Ernährungsspezialist lehrt zwei fundamentale Erkenntnisse Patienten wie Gesunden: Der Mensch wird krank, weil er sich falsch ernährt. Der Mensch wird krank, weil er falsch lebt.

Hinter den Erfolgstiteln des emu-Verlages steht ein bedeutender Forscher und Arzt, eine Bewegung, ein Haus und tausende Schülerinnen und Schüler. 1994 wurde das „Dr. Max Otto Bruker Haus", das Zentrum für Gesundheit und ganzheitliche Lebensweise, auf der Lahnhöhe in Lahnstein bei Koblenz bezogen. Es stellt die äußere Krönung des Brukerschen Lebenswerkes dar: Der lichte Bau mit seinem Grasdach, den Sonnenkollektoren und den Wasserrecyclinganlagen, seinen Seminarräumen, dem Foyer mit der Glaskuppel und dem liebevollen Biogarten ist als Treffpunkt für all jene konzipiert, denen körperliche und seelische Gesundheit, ökologische und spirituelle Harmonie Herzensbedürfnis und Sehnsucht sind.

Hinter dem eleganten Halbmondkorpus mit dem markanten Grasdach verbirgt sich eine Begegnungsstätte für Gesundheitsbewußte, Seminarteilnehmer, Trost-, Ruhe- und Anregungsbedürftige.

Das Dr. Max Otto Bruker Haus

Feste Termine:

Jeden Dienstag, 18.30 Uhr: Vortrag Dr. phil. Mathias Jung (Lebenshilfe und Philosophie)
Jeden Mittwoch, 10.30 Uhr: Fragestunde mit Dr. med. Jürgen Birmans (Ärztlicher Rat aus ganzheitlicher Sicht)

Ausbildung Gesundheitsberater/in GGB
Lebensberatung/Frauen-, Männer- und Paargruppen

Die vitalstoffreiche Vollwertkost hat ihre Verbreitung, auch im klinischen Bereich, durch die unermüdliche Information und praktische Durchführung von Dr. M. O. Bruker gefunden. Um die Erkenntnisse gesunder Lebensführung und die durch falsche Ernährung provozierte Krankheitslawine ins öffentliche Bewußtsein zu rücken, bildet die GGB seit 1978 (im Rahmen der von Dr. M. O. Bruker gegründeten „Gesellschaft für Gesundheitsberatung GGB e. V.") Gesundheitsberaterinnen und Gesundheitsberater GGB aus. Über 3000 Frauen und Männer haben bislang die berufsbegleitende Ausbildung bestanden und wirken in Volkshochschulen, Bioläden, Lehrküchen, Krankenhäusern, ärztlichen Praxen, Krankenversicherungen und ähnlichen Bereichen.

Auf der Lahnhöhe erhalten sie durch Dr. Bruker und sein Expertenteam nicht nur eine sorgfältige Grundlagenausbildung über die vitalstoffreiche Vollwerternährung und den Krankmacher der „entnatürlichten" (denaturierten) Zivilisationsernährung (raffinierter Fabrikzucker, Auszugsmehle, fabrikatorische Öle und Fette, tierisches Eiweiß usw.), sondern gewinnen auch Einblick in die leibseelischen Zusammenhänge der Krankheiten.

Anfragen zur Gesundheitsberater-Ausbildung wie zu den Selbsterfahrungsgruppen, Lebensberatung, Paartherapie und Psychotherapie bei Dr. Mathias Jung und weiteren Tages- und Wochenendseminaren sowie Einzelberatung sind zu richten an die Gesellschaft für Gesundheitsberatung GGB e. V., Dr. Max-Otto-Bruker-Str. 3, 56112 Lahnstein (Tel.: 02621/917010, 917017, 917018, Fax: 02621/917033).

Fordern Sie ebenfalls ein kostenloses Probe-Exemplar der Zeitschrift „Der Gesundheitsberater" an!